JE ME SOUVIENS...
DE LA FOULÉE DE PÉREC
(ET AUTRES MADELEINES SPORTIVES)

JE ME SOUVIENS…
DE LA FOULÉE DE PÉREC
(ET AUTRES MADELEINES SPORTIVES)

SOUS LA DIRECTION DE
BENOÎT HEIMERMANN

ÉDITIONS DU SEUIL
57, rue Gaston-Tessier, Paris XIXe

ISBN 978-2-02-153480-1

www.seuil.com

Préface

La tête et les jambes

Benoît Heimermann

1. Je me souviens qu'au gré de ses quatre cent quatre-vingts « Je me souviens », Georges Perec mentionne quatre athlètes ayant participé aux Jeux olympiques d'été dont un – Claude Piquemal – a également le privilège de figurer page 54 de *Fleurs de ruine*, le quinzième roman de Patrick Modiano.
2. Je me souviens que le baron Pierre Fredy de Coubertin remporta la médaille d'or du concours de littérature aux Jeux de Stockholm en 1912 sous le pseudonyme composé et germanisant de Eschbach-Hohrod.
3. Je me souviens que Micheline Ostermeyer, qui se distingua dans les épreuves du disque et du poids lors des Jeux de 1948 à Londres, avait terminé quatrième du concours international de piano à Genève un an plus tôt.
4. Je me souviens que le 4 août 1936 la cérémonie d'ouverture des Jeux olympiques de Berlin fut suivie par cent mille spectateurs dont Jacques Lacan. Quelques jours plus tôt, âgé de trente-cinq ans, le fameux psychiatre présentait aux participants du XIVe congrès de psychanalyse réunis

à Marienbad un prémonitoire exposé intitulé « Le stade du miroir ».

5. Je me souviens que John Schlesinger, Arthur Penn, Milos Forman, Mai Zetterling, Claude Lelouch, entre autres, participèrent à la réalisation du film officiel des Jeux olympiques de Munich en 1972 qui, comme son titre l'indique (*Visions of Eight*), comportait huit épisodes distincts.
6. Je me souviens que Gilbert Prouteau, auteur cette même année 1972 de la première anthologie de la littérature sportive digne de ce nom (*L'Équipe de France*), était tout à la fois un spécialiste de Gilles de Rais et un excellent triple-sauteur, un temps classé au sixième rang de la hiérarchie mondiale.
7. Je me souviens que l'expression « La tête et les jambes » a été utilisée dès 1897 par Henri Desgrange, directeur du Tour de France et auteur, sous ce label, d'une méthode d'entraînement dite « intelligente ».
8. Je me souviens qu'avant d'entreprendre la biographie d'Emil Zátopek, célébrissime coureur de fond tchécoslovaque, médaillé d'or à Londres en 1948 et à Helsinki en 1952, le romancier Jean Echenoz hésita un moment à écrire celle de Stirling Moss, excellent coureur automobile britannique.
9. Je me souviens que dans les rues de Rome, Charles Aznavour, improbable marathonien, tenta vaille que vaille d'imiter ce même Emil Zátopek au service d'un film (*The Games* de Michael Winner) qui, lui-même, manquait objectivement de souffle.
10. Je me souviens que le coureur britannique Philip Noel-Baker, qui sacrifia volontairement ses

chances pour que son compatriote Albert Hill remporte le 1 500 mètres des Jeux d'Anvers en 1920, fut, plus tard et en raison de son action humanitaire en URSS, récompensé d'un prix Nobel de la paix.

11. Je me souviens que Conan Doyle rendit compte des Jeux de Londres en 1908 dans le *Daily Mail* et Pier Paolo Pasolini de ceux de Rome en 1960 dans *Vie Nuove.*
12. Je me souviens que le fils du millionnaire Mohamed Al-Fayed, Dodi, mort des suites d'un accident de voiture aux côtés de la princesse Diana, fut le producteur exécutif des *Chariots de feu,* fiction inspirée par les destins croisés d'Eric Liddell et Harold Abrahams, sprinters vedettes des Jeux de 1924.
13. Je me souviens que le coureur arrivé quatrième du 100 mètres des Jeux olympiques d'Helsinki en 1952, Dean Smith, par ailleurs excellent cavalier, doubla Robert Redford à plusieurs reprises.
14. Je me souviens que Johnny Weissmuller, six fois médaillé aux Jeux et douze fois Tarzan à Hollywood, est l'un des trois sportifs figurant sur la pochette de *Sergent Pepper's Lonely Hearts Club Band* des Beatles aux côtés du boxeur Sonny Liston et du footballeur Albert Stubbins.
15. Je me souviens que le graphiste Javier Mariscal, créateur de Cobi, mascotte des Jeux de Barcelone, a soutenu la cause de Nazario militant LGBT emprisonné pendant la dictature espagnole.
16. Je me souviens que les frères jumeaux américains Tyler et Cameron Winklevoss, floués par leur

collègue Mark Zuckerberg, inventeur du réseau social Facebook, ne furent pas plus chanceux à l'issue de la finale d'aviron du deux de pointe sans barreur des Jeux de Pékin 2008 qu'ils achevèrent en sixième et dernière place.

17. Je me souviens que Leni Riefenstahl et ses seize opérateurs impressionnèrent pas moins de soixante kilomètres de pellicule pour aboutir à *Olympia*, le film officiel des Jeux de Berlin en 1936.
18. Je me souviens que, trente-six ans plus tard, la même Leni Riefenstahl était accréditée en bonne et due forme pour les Jeux de Munich comme photographe *freelance,* une gratification qui apparemment n'émut ni les organisateurs ni ses confrères.
19. Je me souviens que Charles Maurras, qui rapporta en détail le déroulement des premiers Jeux de l'ère moderne, en 1896 dans les colonnes de *La Gazette de France,* était sourd.
20. Je me souviens qu'Enki Bilal, bon spécialiste de saut en hauteur (1,99 m), avait pour modèle le fameux « rouleau ventral » du Soviétique Valerij Brumel (orthographié par erreur avec deux « m » dans le « Je me souviens » n° 450 de Georges Perec).
21. Je me souviens que le cinéaste Chris Marker filma les Jeux d'Helsinki en 1952 à la demande de l'association Peuple & culture dont les cadres originels appartenaient au mouvement de résistance qui s'était illustré dans le Vercors quelques années plus tôt.
22. Je me souviens que de manière plus innocente Thierry Rey, champion olympique de judo à Moscou en 1980, a joué deux fois la comédie aux côtés de Michel Serrault, dans *Bonjour l'angoisse*

de Pierre Tchernia et dans *Ennemis intimes* de Denis Amar.

23. Je me souviens que Carlo Pedersoli, qualifié pour diverses épreuves de natation aux Jeux de 1952 et 1956, fit carrière au cinéma en devenant, sous le nom de Bud Spencer, l'acolyte de Terence Hill dans la série des « Trinita ».
24. Je me souviens que Jean Giraudoux, qui a consacré toute une partie de son roman *À la recherche de Bella* (publié en 1926) aux Jeux olympiques, était lui-même un sportif respectable chronométré en 50 secondes 1/5 sur 400 mètres.
25. Je me souviens que l'Anglaise Pat Smythe, qui décrocha une médaille de bronze en jumping aux Jeux de 1956, était une autrice de belle réputation spécialisée précisément dans le roman équestre.
26. Je me souviens que plusieurs journalistes de *L'Équipe* ont eu préalablement le privilège de participer à la quinzaine olympique en tant qu'athlètes, Marcel Hansenne, médaille de bronze aux Jeux de Londres en 1948, et Guy Lagorce, membre du 4 × 100 mètres français aux Jeux de Rome en 1960 en particulier.
27. Je me souviens que l'artiste japonais Ryuji Fujita récolta une médaille de bronze à l'issue des épreuves de peinture des Jeux de Berlin 1936.
28. Je me souviens que de nombreux héros de bande dessinée – Astérix, les Schtroumpfs, les Pieds nickelés, Vincent Larcher – ont, le temps d'un album au moins, rencontré quelques succès aux Jeux olympiques.
29. Je me souviens que le père du président de l'Académie Goncourt Didier Decoin, Henri, réalisateur

de *Razzia sur la chnouf*, a participé aux épreuves de natation des Jeux de 1908 et de 1912 à Londres et à Stockholm.

30. Je me souviens que Jean Vigo, célèbre auteur de *L'Atalante* en 1934, a consacré trois ans plus tôt un moyen métrage au nageur Jean Taris, médaillé d'argent sur 400 mètres aux Jeux de Los Angeles en 1932.
31. Je me souviens que Buster Keaton, qui ne laissait à personne le soin d'exécuter ses innombrables cascades, avait néanmoins fait appel à Lee Barnes, champion olympique du concours de saut à la perche aux Jeux de Paris en 1924, pour le doubler le temps d'une scène de *College*.
32. Je me souviens que Marie-José Pérec, qu'un accent distingue de Georges Perec, créditée de trois médailles d'or entre 1992 et 1996, fut l'héroïne d'*Olympia*, un roman de Paul-Henry Bizon qui fit l'actualité littéraire en 2021.
33. Je me souviens que le film fantôme *Olimpiada 40* réalisé en 1980 par Andrzej Kotkowski, rapportant la tenue d'une compétition internationale entre déportés au Stalag XIII-A de Langwasser près de Nuremberg, fut sélectionné, un an plus tard, pour représenter la Pologne aux Oscars.
34. Je me souviens que dans son roman *W ou les souvenirs d'enfance*, Georges Perec toujours a imaginé une cité aux confins de la Terre de Feu régie par un idéal olympique sans conséquence avant que, de surenchère en surenchère, seule la mort ne départage les compétiteurs, jusqu'au triomphe du dernier des survivants…

Le souvenir de son courage et de ma peur

Maylis de Kerangal

Je me souviens du 18 juillet 1976, j'ai neuf ans, une canicule historique plombe les grandes vacances, le soleil nous séquestre, les après-midi sont lourdes et immobiles, le jardin piégé sous un dôme de chaleur, les adultes réfugiés dans les maisons. À la jointure des volets entrebâillés, filtre un rai de lumière d'une blancheur éblouissante. Les rideaux tirés ventilent le moindre souffle, et j'erre en solitaire, assoiffée et poisseuse, en attendant que nous puissions aller nous baigner à la piscine municipale.

Je me souviens que ça se passait à Montréal, que j'avais de cette ville une image neutre, fade et lente bien qu'elle fût située sur le continent américain à l'instar des cités mythiques des *States*. Les trois syllabes de « Canada », en revanche, me faisaient forte impression, toniques et neuves, franches, semblables aux trois coups frappés sur le plancher du théâtre, signalant l'entrée dans un nouveau monde.

Je me souviens de la télévision allumée dans la pièce du fond, une Thomson en noir et blanc, à boutons crantés, l'écran ventru, les coins arrondis, et je me souviens aussi de l'antenne sur le dessus, araignée de fer dont le positionnement était réglé au millimètre, et qu'il nous était interdit de toucher sous peine de voir s'abattre sur nous la fureur des hommes.

Je me souviens de mes cousins avachis dans la pénombre, semblables à de jeunes félins au repos, de leurs membres longs et maigres en travers des fauteuils, de leurs cheveux qui s'égouttaient sur leur torse creux – ils étaient sortis s'arroser au tuyau dans la cour –, et je me souviens très bien de la manière dont ils se sont étirés en grimaçant de dégoût quand une voix suave a annoncé la retransmission du concours par équipes de gymnastique féminine, avant de se lover de nouveau au creux des sièges, signe qu'ils allaient pouvoir se rendormir.
Je me souviens que les Jeux olympiques provoquaient une extension subite du monde connu. Une flopée d'anthroponymes parfois imprononçables déferlait dans nos vies. Je me souviens de l'ardeur compétitive que nous mettions à corréler des drapeaux et des pays, des pays et des athlètes, des nations et des hymnes. Des athlètes et des médailles. Le jeu des capitales se réactivait : les capitales faciles déblayées du tac au tac lors des premiers tours de table – Rome/Italie, Pékin/Chine, Moscou/Union soviétique –, et les capitales pièges – Washington/États-Unis, Berne/Suisse, La Haye/Pays-Bas. Capitale du Canada ? Ottawa !
Je me souviens que c'était la guerre froide. Le mur de Berlin sépare l'Europe en deux blocs : bloc ouest les pays avec liberté, bloc est les pays sans liberté. Du bloc ouest où je vis, les pays du bloc est sont opaques et menaçants. Leurs athlètes sont très forts. On les entraîne durement et s'ils ne gagnent pas, si l'or leur échappe au profit d'un athlète de l'Ouest, on les sanctionne, on les déporte en Sibérie. Les gymnastes sont des filles de l'Est : Soviétiques, Allemandes de l'Est,

Hongroises. Les premières règnent sans partage sur la discipline depuis les premiers temps olympiques. Je ne distingue aucune fille de l'Ouest dans les parages.

Je me souviens très précisément de l'instant où elle se présente devant les barres asymétriques, sous les lumières du Forum dont la construction était inachevée. Le justaucorps blanc au col en V, les chaussons blancs, la petite frange maladroite, les omoplates saillantes sous le tissu élastique. Et dans son dos, le numéro 73, tel un nombre d'or.

De son premier mouvement, je me souviens comme d'un vertige, une apnée initiale. Les battements de mon cœur accélèrent, j'ai une boule dans la gorge et les jambes en coton. Mes yeux peinent à la suivre, à décomposer ces figures qui s'enchaînent sans temps mort, fluides, amples, ultra-rapides. Elle évolue au-dessus, entre et au-dessous des barres, en avant, en arrière, le bassin haut, les bras minces et les pointes de pieds tendues. Sa cambrure apostrophe le monde jusqu'au saut de l'ange final. La beauté en personne.

Je me souviens comme si c'était hier des présentateurs qui bafouillent, de leurs commentaires réduits à de plates exclamations – *oh, look at this, she's moving well !* De leur fol étonnement. Pourtant ce n'est pas une inconnue : un an auparavant, elle a remporté l'or à tous les agrès à l'exception du sol lors des Championnats d'Europe. Mais personne à Montréal, pas même les juges, n'était préparé à voir quelque chose d'aussi prodigieux, un mouvement qui n'a brusquement plus rien à voir avec la seule perfection, l'excellence académique, mais relève de tout autre chose, relève de la grâce.

Je me souviens le cœur serré du ruban bicolore qui remue dans sa petite queue-de-cheval, unique trace d'indiscipline sur ce corps strict, épuré, sous contrôle. Un corps que je ne connais pas, qui n'est ni celui d'une fillette, ni celui d'une femme, ni même celui, débordant, gauche, transitoire, d'une adolescente. Celui-ci renverse l'ordre établi, il fait la révolution. Il hybride l'enfance et la puissance. Ce corps, c'est l'événement.
Je me souviens qu'elle cille à peine devant les bâtonnets luminescents qui formaient les chiffres 1.00, les tableaux d'affichage Longines n'étant pas calibrés pour afficher un 10.00. Elle ne semble pas tellement impressionnée par cette note que personne avant elle n'a obtenue lors d'une compétition olympique. Elle est déjà passée à autre chose, déjà ailleurs. Sur la poutre. Où elle s'arroge le même *perfect ten*, dans un stade où dix-sept mille personnes applaudissent à tout rompre, debout, le grand fracas.
Je souris intérieurement quand je me souviens de mes cousins, soudain redressés dans la pénombre, de leur lippe pendante et de leurs pupilles fixes, de leur silence estomaqué devant cette silhouette mobile, juvénile, remplie de lumière blanche. De leur arrogance matée par une gamine de quatorze ans. De mon triomphe intérieur, comme si ses victoires rejaillissaient sur moi. De la sensation d'assister à quelque chose d'important, d'historique, curieusement, je me souviens. On dit à la télévision qu'elle « entre dans la légende ». De fait, le monde a changé. Il a pris d'autres contours, et ma vie une autre dimension. Je passe mes journées devant la grosse Thomson afin de la voir et de la

revoir encore ; la nuit j'en rêve. Et ce mur entre nous accentue ma ferveur.
Je tremble à me souvenir de son courage et de ma peur. Peur de sa chute, peur qu'elle se brise et soit sanctionnée. Peur de son entraîneur qui en impose, Béla Karoly, le torse large, les gros bras. Ses passages à la poutre, surtout, m'affolent et m'émerveillent. Sous ses petits pieds célestes, on oublie que l'agrès mesure 10 centimètres de largeur. Double flip flap arrière, salto sans les mains, Valdez, vrille latérale : elle marche sur l'eau.
De son sang-froid à la poutre, je me souviens encore. Là-haut, rien ne semble pouvoir la déranger, entraver son mouvement, compromettre l'accomplissement de son programme, ce qu'elle est venue faire ici, à Montréal. Une détermination qui accuse sa solitude : là-haut sur la poutre, elle est la seule de son espèce, elle est unique au monde. Je me souviens de son mystère. En cet été 1976, elle est ce qui m'arrive. Nadia Comăneci.

À corps perdu

Luc Lang

Je me souviens de l'étymologie du mot « athlète ». D'origine grecque : *athlètes* provient du mot *athlon*, qui signifie combat. Ainsi, l'athlète est le combattant. Mais je me souviens aussi de l'étymologie latine du verbe « combattre ». *Cumbattuere*, qui se décompose en *cum* : avec, dans une idée d'accompagnement, et *battuere* : battre. Ainsi, contrairement à l'usage commun, combattre ne signifie pas se battre *contre*, mais se battre *avec*.

Ce peut être côte à côte, tels des alliés, ou avec quelqu'un dans le sens du jeu, et non contre lui dans le but de le détruire. Ainsi de l'athlète au combattant ne sommes-nous pas du côté de la guerre mais bien du côté des jeux publics, dans les épreuves parfois combinées de la lutte, du pancrace, du pugilat, de la course à pied, du saut, du lancer du disque et du javelot.

Ce fond étymologique définit sans doute l'esprit qui préside à la tenue des premières Olympiades, en 776 avant Jésus-Christ.

« C'est la mort annoncée du judo… »

De quoi parle-t-il ?

De l'entrée de cette discipline aux Jeux olympiques de Tokyo en 1964…

Je m'en souviens très précisément. Cette phrase éclot en moi comme une fleur vénéneuse, j'ai huit ans, je suis effondré.
Il, c'est Luc Levannier, qui crée, avec Robert Lang, le premier dojo à Paris en 1947.
Jigoro Kano, l'inventeur de cet art, avait missionné en France l'un de ses héritiers, Ishiro Abé, pour y enseigner le véritable judo japonais. Ce messager s'était d'abord arrêté à Toulouse, puis à Paris dans leur dojo.
Luc Levannier est mon parrain, Robert Lang mon père depuis deux ans, celui que je nomme mon saint Christophe. Ces deux hommes allaient pouvoir dès 1950 enseigner l'authentique judo selon l'esprit du budo.
Quand le parrain prononce cette phrase qui sonne le glas, nous sommes dans une allée des Puces de Saint-Ouen, une allée du marché Paul-Bert, devant sa boutique d'antiquaire ouverte aux quatre vents. C'est un dimanche sec, froid, hivernal. On se pelotonne dans nos manteaux, l'écharpe autour du cou, les mains dans les poches, les épaules rentrées, et on tape le bitume de nos semelles.
Un de ces longs après-midi où Robert et Andrée, ma mère, rendent parfois visite à Luc et Alice. Leurs conversations d'adultes ne me concernent guère, je m'ennuie. Et j'erre par les allées du marché, souvent hypnotisé par des jouets d'entre les deux guerres, mus par des poulies, des contrepoids, des ressorts, des roues dentées, animant des monte-charges, des passerelles en montagnes russes par où dévalent des autos, des trains, des boules, des créatures fantastiques, circulant parfois mystérieusement dans des tuyaux numérotés pour jaillir par la gueule béante de grenouilles coassantes.

Simplement, quand ces adultes que j'aime parlent de judo, ma conscience se tend, mon écoute devient aiguë, j'ai l'oreille absolue pour chaque mot, chaque virgule.
« Le judo aux Jeux olympiques, c'est... »
Et le parrain développe, commente, mais très sobrement. Je ne comprends pas tout, je retiens que la tragique apparition des catégories de poids signe la trahison de cet art.
Un art martial suffisamment efficient pour que l'initié puisse dialoguer avec n'importe qui, quelles que soient sa taille et sa force. Il n'est jamais question dans cette pensée du judo d'une considération de poids ou de puissance musculaire, car personne ne peut échapper au déséquilibre ni à la chute si la technique juste prévaut à l'instant juste. Pour cela, le judoka saura utiliser la force et l'élan de l'adversaire en cédant devant sa poussée pour le précipiter de leurs deux forces conjuguées dans son propre vide et dans sa chute inéluctable.
Les catégories de poids détournent le judo de sa voie (*do*), celle d'une technique toujours plus subtile et d'un esprit de la souplesse (*Ju*), pour l'orienter vers un professionnalisme, une recherche de la force pure et un appauvrissement de son vocabulaire et de sa syntaxe.
Et d'évoquer justement ce combat où Robert, affrontant un colosse qui le dépasse d'une tête et de vingt bons kilos, l'avait projeté au sol, tel un fétu de paille... Un moment intense dans l'expérience du judo.
Je me tiens à un mètre d'eux. Je ne bouge plus. Je suis tout ouïe. Je bois leurs paroles. Et je me dis : qu'allons-nous devenir ? Comme si c'était la fin du monde...

C'est bien la scène inaugurale de ma défiance à l'égard des Jeux olympiques. Même si, enfant, je peux être fasciné par le vol des gymnastes qui appartiennent véritablement au règne des oiseaux... Ou par celui des perchistes qui s'arrachent du sol. Adulte devenu, ce n'est plus tant une défiance envers les Olympiades proprement dites où je puise ici et là de pures émotions esthétiques, non, ce qui demeure de cette conversation originelle dans cette allée des Puces de Saint-Ouen, c'est une défiance envers tout chiffrage des disciplines corporelles. Dont la considération me plonge dans un ennui profond, incapable que je suis de retenir le moindre score. Comme si le corps humain et le chiffre ne pouvaient s'articuler. Comme si les arts et les chiffres ne pouvaient décidément pas s'accoupler. Quand je dis les arts, je pense spontanément aux arts martiaux mais aussi à l'escrime, à la gymnastique qui ont peu à voir avec une quelconque mesure chiffrée. Mais je songe aussi aux sports dont les résultats en secondes, en centimètres, en grammes, détournent d'une attention à la beauté des techniques, que ce soient la trajectoire corporelle du saut à la perche, l'enroulement et le déplié du lancer de disque ou de javelot, ou plus simplement une course à pied dont le délié, la contraction et le relâchement des ischio-jambiers, des grands adducteurs, des longs péroniers latéraux, des couturiers, la prise d'appui des muscles extenseurs, la tension élastique du souverain tendon d'Achille, que sais-je ! composent un véritable paysage musculaire en mouvement.
Or ces chorégraphies sont trop peu considérées pour l'aventure physique qu'elles nous offrent. On

les traduit aussitôt en chiffres comme si c'était leur but ultime. Nous détournant de l'essentiel, qui est le temps de l'action, ce moment où le corps déplie ses promesses et sa beauté, ses prouesses indissolublement physiques et mentales. À la manière d'une musique sur le clavier du piano qui nous saisit et nous transporte. Ce qu'Aristote nomme l'*entéléchie.* Ce que nous dit en somme le titre de cet ouvrage : *Je me souviens de la foulée...*

Ce détournement par toutes sortes de mesures comptables s'avère d'ailleurs une aporie. Le corps humain le mieux développé impose en effet des limites indépassables. C'est aujourd'hui essentiellement grâce au progrès technique de l'équipement (vêtements, chaussures, matériel) et par le dopage que l'on peut repousser ces limites.

Je songe à l'histoire du lancer du javelot et de ses records, la distance parcourue restant inchangée entre 1932 et 1952. Ce n'est, par exemple, que le remplacement du bois par l'aluminium, les variations dans la longueur et le dessin des pointes, le passage du plein au creux, le fait que le javelot soit lisse ou façonné de trous ou d'encoches déplaçant la pression au plus près du centre de gravité qui modifient après 1952 l'histoire des records.

Nous avons poussé si loin cette obsession du chiffrage qu'il faut désormais plusieurs années pour gagner quelques centièmes de seconde, quelques micromillimètres de hauteur ou de longueur, préservant en cela la pauvre idée darwinienne d'un progrès humain qui s'incarnerait dans un corps toujours plus

performant. Plaçant nécessairement le corps sous perfusion, pour reprendre cette image de Virilio. Perfusion chimique, technique, qui fait intrusion dans l'art du corps pour tendre vers un « art du moteur » dont la chair ne serait plus qu'un support, une enveloppe, une panoplie d'*anthrôpos*… Ce qui nous vaut de ne voir en spectacle que des corps très jeunes, comme si le délié et la beauté d'un saut à la perche ou d'une course de haies n'étaient plus envisageables avec un corps ayant dépassé son quart de siècle.
C'est peut-être cette aporie qui nous permettra finalement de sortir de cette idéologie du chiffre pour redécouvrir ce qui dure et nous enchante dans la contemplation du geste. En temps réel.

Cette échéance olympique de 2024 à Paris m'a d'ailleurs conduit à reconsidérer ce qui présidait à la création de ces jeux sur leur site originel. Les architectures d'Olympie dans leur splendeur mêlaient stade, gymnase, temples, lieux sacrificiels, etc. Inscrivant combien la tenue de ces Olympiades relevait tout autant d'activités religieuses, spirituelles que physiques. Les athlètes s'entraînaient certes âprement en vue des compétitions, mais des libations, des offrandes, des sacrifices, des cérémonies et des rituels religieux s'y pratiquaient chaque jour. Ces jeux étaient avant tout adressés et dédiés à Zeus, le dieu des dieux. Sa monumentale sculpture polychrome trônait en son temple au centre d'Olympie.
Et lorsque c'était le cas, un décret suspendait l'arrêt total des conflits armés, afin que chaque région, chaque « capitale » puisse participer à ces Olympiades. Parce

qu'il fallait réunir, au-delà des guerres, l'ensemble des peuples et des pays dans leurs différences, leurs particularismes et même leurs oppositions. Il fallait que chaque région puisse incarner le génie de son lieu à la faveur de ces rencontres grâce à ses champions qui devenaient alors des sortes de messagers, des Hermès. La compétition une fois ouverte, il s'agissait de recevoir la couronne de laurier du vainqueur, puisque l'exploit trouvait là sa consécration.

Mais il n'y avait qu'un seul vainqueur, le deuxième et le troisième n'étaient pas considérés, et il n'y avait pas de chiffrage de la performance ni l'idée d'une quelconque évolution des records. Sans doute parce que le temps des Grecs ne dessinait pas une flèche ascendante mais le cercle d'une révolution.

Quant aux épreuves de combat proprement dites, que ce soit dans la lutte, le pancrace ou le pugilat, il aurait été impensable d'instaurer des catégories de poids, le lourd ayant l'avantage de la masse, le léger celui de la vitesse et de l'explosivité.

De ce fait, le regard pouvait mieux s'attarder sur le déroulé de l'action, sur la qualité physique et mentale des athlètes, sur leur habileté technique. Il s'agissait simplement que le meilleur gagne, dans un esprit d'amateurisme échappant à toute spécialisation.

Lorsque je me souviens d'Alain Mimoun, ayant frôlé l'amputation de sa jambe à la suite d'une blessure de guerre, pénétrant en 1956, à l'âge de trente-cinq ans, dans le stade de Melbourne pour franchir en vainqueur la ligne d'arrivée, ou encore d'Emil Zátopek, à Helsinki en 1952, remportant à la fois le 5 000, le 10 000 et le marathon, exploit qui ne fut jamais reconduit dans l'histoire de l'athlétisme, quand je visionne avec quelle émotion ces courses d'hommes mûrs si modestement équipés et chaussés, si dépourvus en somme, ce qui définit sans doute l'essence même du marathon, je rêve de nouveaux Jeux qui se souviendraient d'Olympie tout autant que de Mimoun et Zátopek, ces héros tels qu'on les trouve dans les romans de Conrad. Non parce que je serais emporté dans une quelconque nostalgie, pire, une mélancolie, mais parce que je rêve de rencontres qui seraient de nouveau à l'échelle humaine, quelque chose qui pour nous aujourd'hui renouerait avec l'humanité dans une indifférence à la surenchère du chiffre, oui, quelque chose comme le mouvement vertueux d'une *décroissance* au cœur des Olympiades.

La meilleure version de moi-même

NATHACHA APPANAH

Je me souviens de la finale du 200 mètres féminin aux Jeux olympiques de Séoul en 1988. Comment ai-je réussi à obtenir l'accord de mes parents pour regarder cette course diffusée en direct, en pleine nuit, alors que le lendemain j'ai une journée de cours, je ne sais pas. Entre la Corée du Sud et l'île Maurice, il y a un décalage horaire de cinq heures. Quand j'ai allumé la télévision, notre chien a aboyé deux fois, des jappements brefs, arrachés à son sommeil. À sa suite, les chiens des autres maisons dans la rue ont répondu et, pendant quelques minutes, il y a eu un chapelet de cris aigus, surpris. Puis, à nouveau le silence ouaté de l'hiver austral. Le sol du petit salon est glacial, l'air humide, je suis emmitouflée dans une couverture. J'entends les branches du longanier frotter contre la vitre. Cela fait plusieurs semaines que ma mère demande à mon père d'élaguer cet arbre. Ce soir, ce bruit me fait penser à une main qui tantôt gratterait, tantôt tapoterait à la fenêtre. Je regrette que ma mère ne se soit pas réveillée comme promis, j'aurais eu moins peur, j'aurais eu moins froid, elle aurait peut-être proposé un lait chaud.

J'ai quinze ans à peine, je pratique l'athlétisme depuis cinq ans mais du plus loin que je me souvienne, j'ai toujours couru, j'ai toujours aimé courir. Quand je dis courir, je ne veux pas dire du footing autour du pâté de maisons, du jogging sur la plage, du cross-country à travers les routes de campagne. Quand je dis courir, je veux dire démarrer plus vite que son ombre, sprinter de bout en bout, ne rien lâcher, finir par terre s'il le faut mais tenter le tout pour le tout afin de gagner. Depuis mon entrée au collège, je découvre que ma manie de lancer à tout bout de champ « on fait la course ? » – à mon frère, à mon père, à mes cousins, à mes amies, pas à ma mère, parfois à ma vieille grand-mère pour la faire rire – peut être prise au mot, assouvie, jugée intéressante et non agaçante, décortiquée pour être mieux maîtrisée. Depuis mon entrée dans cet établissement secondaire du centre de l'île, j'ai compris que je n'aimais pas seulement courir mais également sauter et de préférence le plus loin possible.

Je suis en sixième, j'ai dix ans, c'est la journée sportive de l'année, le Sports Day, un héritage des Anglais. Le stade est à ciel ouvert, la piste en gazon ; plus loin on peut apercevoir des adultes à la peau claire jouer au golf. Plus loin encore, caché derrière les ormes, les arbres du voyageur et autres palmiers, il y a un club très select où, selon mon père, l'abonnement annuel équivaut à plusieurs mois de salaire. Ces choses-là m'intriguent, elles vont bientôt m'obséder : l'inégalité des classes, les accès réservés, le lien entre statut social, couleur et privilèges. On raconte que ce club, créé en 1844 par la Marine royale anglaise, est un des plus beaux de cette région du monde, avec un jardin aux essences rares, des étangs, des fleurs exotiques. Je ne comprends pas pourquoi la beauté est payante.

C'est la professeure de sport de mon collège, Mrs Paul, qui me tire par le bras pour m'inscrire au saut en longueur. Il manque une concurrente là-bas au bac à sable des sauts pour ouvrir l'épreuve et il se trouve que je passe devant elle après la demi-finale de 100 mètres où je me suis qualifiée. Elle ne connaît pas mon nom encore, Mrs Paul, elle m'appelle « petite ». En cinq minutes, elle m'explique les règles et je trouve ça formidable : courir, prendre appui sans décélérer sur une planche et sauter. À mon premier essai, ma planche est parfaite, mon élan monté sur ressorts. En l'air, je rigole, mes jambes font des ciseaux et j'atterris bien plus loin que les autres. Mrs Paul me regarde d'un drôle d'air et m'inscrit d'office au 200 mètres. Dans le virage, nous sommes trois à glisser, chaussées de tennis peu adaptées au gazon, mais je comprends instinctivement qu'une partie de la course se joue là, dans le virage. Je voudrais qu'on m'apprenne comment tourner en courant, comment accélérer en virant mais je ne sais pas à qui demander.

Mois après mois, année après année, je perçois, d'une manière diffuse, les leçons et les métaphores dans le sport et la compétition : l'égalité apparente devant une ligne de départ, toutes les heures d'entraînement qui doivent se cristalliser ici et maintenant, le pouvoir de la concentration qui équivaut à une petite grâce quand le corps est prêt, l'esprit présent, les deux à l'unisson dans ce moment. Je découvre la déveine qui prend plusieurs visages, les règles qui arrivent un jour de compétition, un muscle mal réveillé et qui reste raide, un estomac fragile, une dispute qui rend tout aigre. J'accepte le talent inné chez les autres et je commence à croire à ce je ne sais quoi qui fait tout sublimer ou tout louper. L'éclat du bouquet d'artifice ou le bruit foireux du pétard mouillé. J'apprends que dans la compétition comme dans la vie, rien, jamais, n'est acquis.

La caméra et les commentateurs sont rivés sur Florence Griffith-Joyner ou Flo-Jo, comme certains l'appellent. C'est vrai qu'elle est superbe, cette athlète : les cheveux au vent, le rouge à lèvres corail, les yeux surlignés d'un trait noir, les paupières ombrées et les ongles, les ongles ! Ils se placent telles des griffes sur la ligne du départ quand elle se cale dans le starting-block. Florence Griffith-Joyner est au couloir numéro 5 mais celle qui m'intéresse est au couloir 3. Elle s'appelle Merlene Ottey. Je l'ai vue pour la première fois aux Jeux de Los Angeles en 1984 et, de série en série jusqu'à ses deux médailles de bronze sur 100 et 200 mètres, je n'ai eu d'yeux que pour elle. Ce soir de finale, je voudrais qu'elle éclabousse toutes les concurrentes de sa superbe même si j'ai l'impression d'être la seule à la remarquer, sa superbe, ce soir, tellement la caméra est vissée sur l'Américaine aux ongles tigrés.

Ce sera plus tard que le monde entier remarquera la beauté de Merlene Ottey, sa classe folle, son visage de statue grecque qu'on pourrait qualifier de marbre tant il reste impassible devant les quasi-victoires et les défaites sur le fil. Là, sur la ligne du 200 mètres, au couloir 3, elle fait presque pâle figure. Ses cheveux sont attachés avec un élastique simple et des brins s'en échappent. Si ce n'était son maillot de la Jamaïque, je pourrais l'imaginer avec moi, certains samedis, sur les lignes de départ où nous, les filles,

sommes ainsi : sans maquillage, sans apprêt, en silence, le masque de la concentration sur nos visages. Peu de choses, à la télévision, m'émeuvent encore comme une course de sprint, comme une épreuve de saut en longueur, comme un relais 4 × 100. Les secondes avant le départ me font l'effet d'une éternité : j'ai le cœur qui s'emballe, les mains moites, je suis debout, je suis assise, je fais les cent pas, je plisse les yeux, je prends de grandes inspirations, j'oublie de respirer. J'admire le calme de certains athlètes et j'essaie de me remémorer comment maintenir immobiles quelques secondes l'envie, le feu dans les jambes, la précision de l'esprit.
Le départ de Merlene Ottey est parfait, elle rattrape la concurrente du couloir 4. J'imagine cette dernière, Silke Möller, une Allemande de l'Est, la sentir arriver parce qu'on les entend arriver ceux qui vont nous dépasser, on entend le bruit de leurs chaussures, leur souffle et ce moment quand ils nous doublent, c'est une séquence qu'on repassera plusieurs fois dans la tête au ralenti… Son virage est superbe, elle est juste derrière l'Américaine mais quelque chose se détracte dans ses jambes dans la ligne droite, comme une lourdeur, une raideur, non un tremblement et ça se joue en un rien de temps, même pas un battement de cils et elle est quatrième, au pied d'un podium historique.
Le lendemain ou le surlendemain, je la retrouverai au relais 4 × 100 avec un gros pansement à la cuisse. Elle court quand même, Merlene, avec ses cheveux indisciplinés et sa blessure. Moi qui l'aimais déjà, je l'adore désormais. J'ai un penchant pour ceux qui y vont, qui ne gagnent pas forcément, qui ne sont presque jamais

les favoris mais qui sont toujours là parce qu'il suffit d'une fois, n'est-ce pas ?
J'aime courir et sauter mais je ne suis pas la meilleure. Même les années où je m'entraîne plutôt correctement, où je fais des progrès, il y a toujours quelqu'un de plus fort que moi, la chance tourne pour une autre fille, une autre équipe et je l'accepte. Mes parents, qui ont la réussite scolaire de leurs enfants comme principal objectif, râlent de plus en plus à propos des compétitions qui ont lieu le samedi et des entraînements de fin de journée. Je sais que dans quelques années j'arrêterai mais, pour l'heure, je suis encore présente. Jamais dans la lumière totalement, un peu à contre-jour.
Dans les virages du 200 mètres, désormais chaussée de chaussures à pointes qu'on nous prête, je dépasse tout le monde mais je flanche dans la ligne droite. Alors, dans les relais 4 × 100 mètres, Mrs Paul me place toujours en troisième position. Dans cet ordre et dans cette course-là en particulier, je suis la meilleure version de moi-même. Je ne vois pas la ligne d'arrivée, je n'ai pas l'angoisse du départ, je ne suis pas seule. La technicité du relais ne me fait pas peur, au contraire. J'aime quand il ne s'agit pas que du talent, de la puissance, de la vitesse. Je pars au bon moment, au bon rythme et quand je sens le témoin dans ma main droite et que mes doigts se referment dessus, j'épouse ce virage, je le respecte et je l'avale. Mon corps obéit non seulement à mon esprit mais à la piste même, à sa courbe, à sa nature. Pendant quelques secondes, je suis un peu tout à la fois : moi-même, les trois autres filles, le bâton à transmettre que j'ai en main et cette terre sur laquelle je cours.

Moins curieux des lieux que des personnes

PIERRE ASSOULINE

Je me souviens d'Antoine Blondin aux Jeux olympiques. Du moins à ce qu'il m'en a raconté et à ce que j'ai pu (re)vivre à peu près fidèlement à travers ses chroniques. Sept JO au compteur ! Pas mal pour un casanier qui avait tant de mal à se rendre sur la rive droite. Il est vrai que le sentiment de l'exil lui donnait le cafard et ravivait sa mélancolie.

Les Jeux l'ont fait voyager, loin et souvent, ce qui était déjà trop pour celui qui aimait tant les petits endroits intimes où l'on peut se laisser rejoindre par ses souvenirs. Trop indécrottablement français pour les lointains horizons, moins curieux des lieux que des personnes. Il glanait des éclats d'interviews dans les vestiaires, des bulles d'informations dans les bars, des choses vécues dans les ascenseurs et des choses vues en pagaille dans les stades. En principe, les résultats des épreuves qu'il rapportait dans sa chronique du jour y étaient, mais pas toujours ; il arrive que l'on se demande de quoi il parle et comment cela s'est terminé mais qu'importe dès lors que c'est lui qui raconte. C'est ce qu'on attend de lui, la touche Blondin, cette valeur ajoutée que nul ne peut lui ravir.

On ne se refait pas. Il aimait trop le Tour de France et le Tournoi des Cinq Nations pour goûter vraiment les

Olympiades du bout du monde. De celles de Moscou (1980), il a retenu la capacité inouïe des Russes à boire des litres de vodka. C'est tout ? « Les gens sont tous habillés en flic, c'est frappant. » Quand c'est trop loin de la rue Mazarine, il est paumé, désorienté tant il ne se sent pas chez lui. C'est le cas aux Jeux de Tokyo (1964). Le soir de la défaite de Michel Jazy, il est aussi bouleversé que révolté : « Il aurait dû gagner ! » Alors pour oublier, il se noie dans... le Pléiade des œuvres de Balzac qu'il avait pris soin d'emporter dans ses bagages. Sinon, lorsque je lui ai demandé de me raconter son édition tokyoïte des Jeux, le nom qui lui est venu spontanément fut celui d'une athlète de... la chanson. Dalida ! Ils s'étaient connus entre deux étapes du Tour de France, entre Andorre et Toulouse, en 1964, et il prétendait que depuis, elle ne le lâchait plus. Il est vrai qu'il avait eu la faiblesse de lui consacrer une grande partie de sa chronique habituelle aux dépens de la résurrection d'Anquetil dans la descente du port d'Envalira. À l'en croire, ses assiduités dépassaient « les éruptions de l'Etna » ! (Dalida, pas Anquetil.) Il est vrai qu'on les avait vus inséparables le temps de cette grande Boucle où elle se produisait chaque soir à l'invitation des organisateurs. À tel point que les confrères, las de lui demander s'ils étaient ensemble, avaient fini par le surnommer « Théo Blondino » par allusion à Théo Sarapo, très jeune mari d'Édith Piaf, ou « Blondino » tout court, clin d'œil au très populaire *Bambino* (1956) de sa chère « chanteuse des quatre saisons, au sens le plus noble ».

N'empêche qu'à Tokyo, il n'y avait pas que Dalida : il y avait aussi Michel Jazy. À lui seul il valait le déplacement si loin du Bar Bac. Blondin « sait » qu'il va l'emporter dans la finale du 5 000 mètres, malgré la pluie et sa baisse de moral. Las ! il arrive quatrième, obligeant Blondin à reporter ses espoirs à une prochaine fois. En vain car, malgré la division pentétérique du temps olympique, l'ancien typographe-linotypiste de *L'Équipe* raccrochera peu après.

À « Tokyo-les-bains », tout indique que l'écrivain s'ennuyait. Ce qu'il mangeait lui restait sur l'estomac, un peu comme la fameuse pintade qu'il menaçait de revêtir d'un dossard si elle persistait à leur être servie à chaque étape du Tour. Lorsqu'il allait faire un tour en ville, il se perdait immanquablement ; la transmission de ses articles lui posait des problèmes insurmontables ; les conditions de travail lui paraissaient épouvantables. Quant aux compétitions, de son point de vue, elles n'atteignaient pas en intensité celles de Rome (il est vrai qu'il s'y était bombardé « leader de la *French Olympic Drinking Team* »). Dans une carte postale à Chantal Déon, il en convient : « Je ne suis décidément pas un produit d'exportation. » Allons, allons ! Sa plume légendaire, cette signature inimitable faite d'humour et de pas de côté, d'ironie et de décalage, de liberté absolue et, en l'espèce, d'intime connaissance du sport, lui fit rarement défaut. Sa passion de l'athlétisme, légèrement estompée par le culte qu'il vouait au vélo, était puissamment ancrée dans son imaginaire comme en témoignaient en 1947 déjà les articles qu'il lui consacrait dans *Ici France.* Combien de comas athlétiques doit-il aux Jeux ! Si l'indispensable Jules Renard pouvait dire d'Henri Desgrange, inventeur du Tour de France : « Sa culture est physique », on ne pourrait l'appliquer à Antoine Blondin qu'en la complétant : « Sa culture est physique, aussi » tant il cite ses maîtres en matière de littérature sportive, Montherlant surtout mais aussi Genevoix, Giraudoux, Mac Orlan... Il est fasciné par les performances, davantage encore que par le spectacle. Ce recul de la puissance humaine, ces chronos repoussés d'année en année, comment n'en être pas sidéré.

Pas sûr que les amateurs de judo trouvent leur compte dans les comptes rendus de Blondin qui n'y voit qu'un affrontement de bœufs dépenaillés, s'alpaguant au revers sous la férule d'un arbitre lançant « des cris à émouvoir les ultrasons ». Alors l'esprit du budo, certes, mais pas pour lui, comme en témoigne son papier intitulé « La semaine des quatre judos » qui parle de tout sauf de ce noble art martial sur la voie de la souplesse qui passe à l'occasion des Jeux de 1964 du statut de sport de combat à celui de sport olympique. Au fond, les JO sont les seules occasions où Blondin sort de sa zone de confort, de son Twickenham et de ses étapes de montagne ; journaliste sportif au long cours dans un cadre mondialisé, il lui faut parfois affronter des disciplines auxquelles il n'entend rien ; il en sort quelque chose de tout à fait... blondinien ! Qu'importe au fond puisque, dans un cas comme dans l'autre, il fait du Blondin.

Bien sûr il a ses têtes mais ce sont rarement des têtes de Turc. Soit il aime, soit il admire, soit il ignore mais ne hait point. On retrouve avec plaisir le fleurettiste Jean-Claude Magnan, le nageur Alain Gottvallès, le rameur Guy Nosbaum, la sprinteuse Chantal Réga qui lui inspire même une parodie de *If,* le légendaire

poème de Rudyard Kipling que Blondin achève par : « … Tu seras un homme, ma fille ! » On n'oubliera pas sa vision des haltérophiles (« cortège d'obèses en maillots de bain »). Parmi les athlètes olympiques, il en est quelques-uns qui suscitèrent vraiment son admiration. Micheline Ostermeyer fut de ces élus. Aux Jeux de Londres (1948), elle remporta les médailles d'or des lancers du poids et du disque peu après que, pianiste de talent, elle fit de même avec le premier prix du Conservatoire. Et tout cela sans se départir de sa discrétion et de sa modestie. À ceux qui prétendent que l'humanité se divise entre ceux qui jouent du piano et ceux qui les déménagent, Blondin rappelait l'existence d'une troisième catégorie illustrée par Micheline Ostermeyer. Aux Jeux de Melbourne (1956), il consacra Parry O'Brien, médaille d'or du lancer du poids, comme l'athlète le plus complet et « la figure la plus haute » de cette édition. Des innombrables chroniqueurs sportifs accourus d'un peu partout dans le monde afin d'être présents dans le stade ce jour-là, Antoine Blondin est sans aucun doute le seul qui non seulement brosse le portrait d'un champion qui dort avec son boulet de fonte de 7 kg sous l'oreiller, lui parle, le caresse, mais qui de plus en conclut : « C'est un cas typiquement américain de gigantisme du nourrisson comme on en trouve dans les romans de Steinbeck. »
Sous sa plume, les spécialistes du 400 mètres sont des hommes du Quattrocento. Et il suffit qu'une nageuse japonaise s'ébroue en nage papillon pour qu'il la rebaptise Madame Butterfly. On notera toutefois un certain parti pris inconscient en faveur de John[ny] Walker, vainqueur néo-zélandais du 1 500 mètres à Montréal,

allez savoir pourquoi (il est probable que son nom et son étiquette, pardon : son maillot, noir, n'y étaient pas étrangers). Au fond, ses détestations sont plutôt collectives. Ainsi des supporters américains, l'horreur sur pied, la vulgarité incarnée, et envahissante avec ça. L'enthousiasme puéril et sonore qu'il a pu observer dans leur colonie au moindre exploit d'un sportif américain se traduit par des hurlements du type de ceux que soignent les ORL. Un tintamarre odieux aux oreilles bien nées, de quoi offusquer les tympans : « Là, veuillez croire qu'on ne tient aucun compte de la discrimination raciale : tout est bon dans le poulet, le noir comme le blanc, du moment qu'il est conditionné dans un emballage aux couleurs des *Stars and Stripes*. » Sa plume vibre quel que soit le champion lorsque Antoine a l'occasion de célébrer « la correspondance entre la grâce et la volonté, le parfait accomplissement du rendez-vous qu'un athlète peut donner à son génie ». On en oublie leurs noms, leurs pays, leurs performances pour n'en retenir au fond que l'étincelante description qu'il en fait. « Le sport fournit l'un des rares spectacles dont la proximité n'altère pas le mystère. Cela provient de ce qu'il ne peut être joué, donc simulé », note-t-il. Comme quoi, malgré les distances à parcourir, les ascenseurs d'hôtels, les pluies diluviennes et la libido de Dalida, parfois les Jeux ont du talent, juste assez en tout cas pour l'inspirer : « Au regard des mastodontes du marteau, l'on se demande de quelle aberration est né cet ustensile que les lanceurs promènent comme un yo-yo chargé en fonte avant de le balancer avec le vilain geste de l'ouvrier qui en a par-dessus la tête de trimbaler son outil, véritables forçats ayant découpé un

panneau de leur cage pour y projeter le boulet enchaîné qu'ils se sont arraché à la cheville. »
Les athlètes féminines n'en sortent pas grandies (et cela non plus ne passerait plus). À quelques exceptions près, louées pour leur grâce et leur légèreté, ce ne sont sous sa plume qu'étal de boucher, émeute de jambonneaux, foulées bovines, barbes de trois jours et croupes du style « partie du train restant en gare ». Autrement dit : les mégères ne sont supportables que lorsqu'elles sont apprivoisées. Quant aux escrimeuses, leurs « glapissements hystériques » les rendent irréformables.
Certaines de ses chroniques olympiques sont des pages d'anthologie. Son dialogue Québec-issime avec un paysan à Montréal, la bénédiction des athlètes par Jean XXIII du haut de son balcon papal avant la confession des pécheurs, les médailles pieuses gagnées par certains, l'introuvable chapelle quand on tient absolument à y méditer avant toute tentative de record (je cherche après Sixtine, Sixtine ô ma Sixtine et ne la trouve pas...). Mais ce n'est pas parce qu'il vit au loin, envoyé aux prestigieuses Olympiades, qu'il va déroger à ses habitudes. Aux Jeux comme sur le Tour, si un grand écrivain vient à mourir (Paul Morand en 1976 pendant Montréal), il a la priorité. Mais quel terrible et triste aveu au passage : « Disons-le : la France n'est pas un pays sportif. » Entendez que, si elle sait voler au secours de la victoire en venant encourager des exploits déjà accomplis, elle s'avère incapable d'entretenir la flamme, de stimuler l'émulation, de perpétuer l'esprit du sport tout au long de l'année en remplissant les stades.

Aux Jeux de Montréal, où l'on retrouve de surprenants accents gaulliens dans son commentaire des épreuves de natation (« Vive Montréal ! Vive la nage libre ! »), il comprend et fait comprendre qu'il n'y a pas de petites médailles, celles des disciplines les plus populaires valorisant les autres. Ainsi suit-il à la trace Daniel Morelon au vélodrome, assez vexé personnellement que le cyclisme sur piste soit traité à l'égal d'une activité secondaire. Hélas, lors de la finale, la grande vitesse fut enclenchée prématurément et l'enfant de Bourg-en-Bresse partit trop tôt « comme s'il obéissait à un besoin bressan ». On ne se refait pas et certainement pas Antoine qui se permet ce que nul n'oserait de nos jours, en écrivant qu'en athlétisme, à la finale du 100 mètres, il y avait « huit hommes : cinq Noirs et trois Blancs (on dirait une commande de bistrot) » et qu'à la cérémonie de clôture étaient invités « quelques centaines d'Indiens (sous toutes réserves) » et autres « joyeux Hurons ». Aujourd'hui, il se ferait lyncher par les réseaux sociaux à supposer qu'il ne serait pas censuré avant.

À Munich (1972), il se plia à la situation, exécutant un pas de côté lorsqu'il n'est pas à la piscine, aux abords de la piste cendrée ou au vélodrome ; et ce pas le conduit inévitablement au village olympique, chambre d'écho des bruits divers et variés et boulevard à ragots dont il se régale. Jusqu'à la tragédie du 5 septembre : la prise en otages d'athlètes israéliens par un commando de fedayins. Y consacrant toute sa chronique du jour, Blondin décerne de son propre chef une médaille aux « tueurs pour meurtres sur cibles innocentes et endormies ». Un temps, le journaliste sportif troque son statut pour celui de correspondant de guerre. Avant même que soit connue l'issue tragique de cet acte de terrorisme, il écrit : « Il faut vraiment violer sa sensibilité pour trouver un semblant de justification à cet acte criminel, mais il faut reconnaître qu'il s'inscrit dans la logique aberrante du désespoir. » Puis, avant de reprocher au commando palestinien d'avoir commis « un crime beaucoup plus grave, un sacrilège contre l'espèce : ils ont naufragé l'Arche de Noé », il consacre un paragraphe à honorer un athlète quadragénaire, dont la calvitie et le petit bedon ont attendri les spectateurs massés sur le parcours du 50 kilomètres marche, un ingénieur portant lunettes qui avait tout du marcheur de tradition, et dont l'avant-bras (mais qui d'autre que Blondin l'a alors remarqué ?) porte « un numéro matricule qui lui fut tatoué à quelques kilomètres d'ici ». Le marathonien israélien Shaul Ladany, déporté à huit ans à Bergen-Belsen, rescapé du génocide et du massacre de Munich. Des lignes qui nous dédommagent d'un éloge sans nuances et sans réserve de cette vieille crapule nazie et antisémite d'Avery Brundage au moment de faire ses adieux au CIO dont il avait été jusqu'alors le président. Puis la fête et le spectacle continuent et Guy Drut rapporte une médaille d'or en 110 mètres haies (« une médaille en sautoir »).

Cela dit, c'est à Cortina d'Ampezzo (1956), au froid donc, à l'occasion des Jeux d'hiver, qu'il écrivit l'un de ses plus beaux papiers : l'Autrichien Toni Sailer dévalant les pentes et raflant les médailles vu dans le regard pathétique du grand champion italien Zeno Colò banni des épreuves pour professionnalisme et les suivant caché derrière un arbre, sa manière de « tendre une embuscade au souvenir ». Blondin s'est plu à glorifier les Jeux en les rendant à leur dimension universelle et intemporelle. Un champion du monde n'est jamais que champion de sa rue alors qu'« un parfum d'éternité » fait escorte à un titre olympique. En posséder un à son palmarès, c'est aussitôt être nimbé d'un laurier au prestige immémorial, même si l'on connaît bien les dates des premiers Jeux antiques il y a vraiment très très longtemps en l'honneur de Zeus olympien. Ainsi un va-nu-pieds éthiopien peut-il accéder avec le sourire, la grâce et sans souffrance apparente au panthéon des sportifs parmi les dieux du stade. Tout athlète olympique voit son nom gravé dans le marbre de l'histoire du sport. Ce qui ne fait pas oublier que s'il gagne, c'est « sur rendez-vous ». Tout le spectaculaire des Jeux, avec ce qu'il faut de martial et de jovial dans le défilé d'ouverture, d'émotion dans le parcours de la flamme, de fiesta dans le village, de mythologie dans les clameurs, de ferveur dans la célébration des records. Dans l'Antiquité, le temps des Jeux suspendait guerres, querelles et règlements de comptes ; Blondin en a la nostalgie, même s'il était petit à l'époque ; si ce *Zeitgeist* a disparu, c'est selon lui par « manque de foi » ainsi qu'il l'a écrit dans sa préface à *La Fabuleuse Histoire des Jeux olympiques* de Guy Lagorce et Robert Parienté (1973). Pas sûr que le serment *made in Coubertin* suffise à pallier cette lacune. Son épopée avec les JO s'acheva à titre personnel en 1980 à Moscou. Mais la relecture de ses chroniques témoigne de ce que le sport et les sportifs lui doivent d'avoir été regardés avec ses yeux olympiques.

Le futur antérieur

Blandine Rinkel

Je ne me souviens d'aucune image. Quand je convoque en moi les Jeux olympiques, ne me reviennent que des sons. Des cuivres martiaux. Le bruissement de la foule. Les souffles des athlètes. Les cris de joie, ceux de fureur. Une voix mécanique et froide émanant d'un haut-parleur. Le silence qui suit l'agitation. Des sons, donc, et moins visible encore : une atmosphère. Un certain élan.

Des Jeux olympiques, au fond, j'aurai gardé la musique. La musique qui, c'est fou, fut un jour une discipline olympique.

Quand il fonde, en 1894, le Comité international olympique, le baron Pierre de Coubertin et son imposante moustache entend célébrer des hommes « bien dans leur tête et dans leur corps » qui se confrontent sur « des terrains sportifs plutôt que sur des champs de bataille ».

L'ambition est gréco-romaine : combiner corps et esprit, faire chanter les efforts.

« L'heure est venue – écrit un Coubertin solennel dans *Le Figaro* du 5 août 1904 – de franchir une étape nouvelle et de restaurer l'Olympiade dans sa beauté première. Au temps de la splendeur d'Olympie, les lettres et les arts harmonieusement combinés avec le sport assuraient la grandeur des jeux Olympiques. Il doit en être de même à l'avenir [...] Peut-être que les artisans de la plume et du pinceau que nous aurons conviés à nous y aider nous sauront gré, quelque jour, d'avoir rouvert, à leurs talents anxieux de renouveau, des sources oubliées de noblesse et de beauté. »

Dès 1912, donc, cinq disciplines artistiques sont proposées, en plus des sportives. On appelle ça le « pentathlon des muses », et on y découvre, en compétition, des œuvres d'architecture, de littérature, de peinture, de sculpture et de musique. Pour peu qu'elles visent, comme dans les domaines sportifs, « la maîtrise de l'homme sur lui-même, sur le péril, sur les éléments, sur l'animal et sur la vie », elles peuvent se voir attribuer des médailles.

En sculpture, par exemple, il devient possible d'obtenir la médaille... de la plus belle médaille. En 1932, alors que la Pologne espère encore, c'est Józef Klukowski qui l'obtient pour *Relief de sport II.* Puis quatre ans plus tard, le monde a changé et la Pologne n'espère plus beaucoup.

1936, JO de Berlin. Hitler préside la tribune officielle. L'Allemagne nazie remporte quatre-vingt-neuf médailles.

Après quoi, tout s'arrête.

Les JO ne reprendront qu'après la Seconde Guerre mondiale, en 1948. Il sera alors décidé que ce qu'on appelait les « jeux d'art » ne ferait plus partie de la compétition. Les épreuves artistiques seront remplacées par une exposition hors compétition : l'Olympiade culturelle.

Débarrassée de l'idée de concours, la création artistique autour des jeux demeura, mais comme un

ornement. Une décoration. Des textes, des peintures, des médailles, des photos, des logos, encore des médailles, des mascottes, toujours des médailles, et pour les décerner, des cérémonies.
Des hymnes aussi.
Lyriques et démonstratifs comme celui de Céline Dion pour Atlanta en 1996 ou celui de Whitney Houston à Séoul en 1988. Hantés et surprenants, comme le morceau qu'interpréta Björk à Athènes en 2004 et celui des Monty Pythons à Londres en 2012. Moins fédérateurs, parfois, bien sûr, comme celui du groupe Muse et ses peu familiales paroles – « *Je ne pardonnerai pas, la vengeance sera mienne* » –, les morceaux de musique ont globalement régné sur les cérémonies. De Tina Arena à Sydney aux Spice Girls à Londres, en passant par Pavarotti à Turin. En 2020, paraît-il, des musiques de jeux vidéo ouvraient même les jeux de Tokyo. Mais ça, pour tout vous dire, je l'ai seulement lu. Ces airs, je ne les ai jamais entendus. Je ne m'en souviens absolument pas.
Non, ce dont je me souviens – on y vient – c'est autre chose.
Ryūichi Sakamoto, 1992, la cérémonie d'ouverture des jeux à Barcelone. Certes, j'avais un an. Certes, l'épiphanie fut rétrospective. Mais tout de même. Je tombai sur ce trésor en 2013, après avoir été touchée par un morceau du génial Thundercat, *A Message for Austin,* et avoir cherché à comprendre d'où venait le *sample* lyrique qui lui donnait tout son élan.
Sakamoto, pour les JO. Un hymne martial, de 17 minutes et 17 secondes, qui s'ouvre sur des cuivres et des percussions décidées et dont, peu à peu, le

climat s'apaise dans une suite de changements de ton impressionniste, qui finit par mener à un passage plus consonant et lyrique. Plus mélancolique aussi. J'ai été soufflée, la première fois que j'ai entendu tout ça. Soufflée de l'entendre. Soufflée de le voir, aussi.
Sakamoto, je veux dire – de le voir face à sa partition. Chef d'orchestre debout sur son piédestal – un escalier gris de deux marches –, sa bouche est entrouverte, ses sourcils froncés, son visage voué à l'instant. Ses jeunes cheveux de jais, mi-longs, retombent sur son front, comme exténués. Son corps est longiligne, piqué. Il est vêtu de noir ; noire sa veste nippone et noir son pantalon agité par le vent, mais, tiens donc, blanches les manches de chemise qui dépassent sous sa veste, blanc ce tissu caché qui, par contraste, met en avant ses poignets et, à la fin, ses mains légères et pâles. La droite tient une baguette, qu'on devine magique. Les mouvements de sorcier du compositeur président à l'instant. À le regarder, grave et aérien comme jamais, on hésite sur la métaphore. Car tout aussi bien, on croirait voir un rapace mélomane. Il tient et s'envole, Ryūichi Sakamoto. Et tout en planant, ses bras indiquent à l'orchestre les nuances à respecter. Face à lui, sur des chaises de métal, des musiciens vêtus de blanc et chargés de cuivres, de cordes et de bois exécutent attentivement les mesures. Une première. La suivante. Encore une. Et le sait-il, Sakamoto, au moment où il dirige cette interprétation, qu'il est en train de graver un moment éternel, quelque chose qui survivra à sa mort ? Je veux croire qu'il en a déjà l'intuition, oui. D'où lui viendrait, sinon, ce mélange de martialité et de grâce dans l'allure ?

La vidéo offre des plans de coupe sur le public, qui observe la performance. Les uns ont l'œil nu, d'autres sont munis de jumelles. Leurs casquettes-visières rouges, leur fard à paupières mauve et leurs polos aux autres couleurs vives nous rappellent qu'on est en 1992. Sans ça, on l'aurait déjà oublié. Est-ce à dire qu'avec Sakamoto, le temps s'est arrêté ? Non, c'est qu'il s'est rassemblé.

Passé, présent, futur, dans un même mouvement. De musique, s'entend. C'est mélancolique et élancé, cérébral et émouvant. Dix-sept minutes, et ça vous donne une idée de l'absolu. C'est l'océan. La mer, pour être exact. *El Mar mediterrani* pour être encore plus précis. C'est le nom du morceau.

Un jour – me dis-je alors que je regarde à nouveau cette vidéo – un jour nous avons cru à un monde possible où l'intelligence et le muscle, l'esprit et la sueur, le spleen et l'ardeur, étaient indissociables. Un jour, nous avons cru à cet idéal-là. Puis le xxe siècle a passé, ses guerres, ses horreurs, le pire que l'on sait, et nous avons un peu moins considéré l'absolu.

Au moment des Jeux de Barcelone, en 1992, c'était la fin de l'Histoire.

Et depuis, on croit davantage à cette fin qu'à l'Histoire. Aujourd'hui, je ne parviens plus vraiment à croire à l'idéal proposé par les Jeux olympiques. Je ne sais plus me représenter cette compétition comme un rêve humaniste et optimal, mais seulement comme une suite de performances, et le souvenir de ce que nous aurions pu être. Et, plus prosaïquement, comme un événement qui charrie énormément d'argent. Un rassemblement qui n'est plus tant une fin en soi qu'un moyen de servir des intérêts, géopolitiques et économiques. Je me renseignerai tout de même sur les prochaines médailles, bien sûr, et j'adorerais que Léon Marchand devienne le Michael Phelps français (saviez-vous que les pieds de ce dernier font 35 centimètres de long ?), mais au fond, ce que je veux signaler, c'est que j'ai perdu le premier degré.

Montrez-moi une roche et je vois l'anguille, un caillou et je suspecte une baleine.

Suis-je triste ? Est-ce grave ? Et si je n'avais pas ce fond de tristesse, la musique que Sakamoto composa pour l'ouverture de Barcelone me toucherait-elle tant ? Ce n'est pas certain. Ce n'est pas si grave. Le mythe du progrès, d'un progrès olympique pour ainsi dire, d'un progrès qui n'aurait pas été accablé par la Seconde Guerre mondiale, ce mythe-là, il m'inspire une mélancolie terrible, que j'éprouve systématiquement pendant les Jeux – dont je ne sais plus regarder la candeur que de biais. Et comme en sépia. C'est triste, mais c'est déjà ça.

Mais cela ne nous explique pas, me direz-vous, pourquoi ce texte s'appelle *Le Futur antérieur.*

C'est vrai, ça ne l'explique pas. Voulez-vous que je vous parle du futur antérieur ? Le temps grammatical, je veux dire. Celui que j'ai employé dans la onzième phrase de ce texte, quand j'ai écrit « j'aurai gardé la musique ». Eh bien ce temps, que la plupart des langues offrent, permet d'exprimer « une action déjà accomplie/terminée/finie dans le futur ». Il nous permet de faire une expérience de pensée qui est un voyage dans le temps. Et de dire à la fois la défaite et l'élan. Un peu comme la musique de Sakamoto. Le futur antérieur, c'est le temps grammatical qui me touche le plus. Et c'est celui que m'inspirent les Jeux olympiques aujourd'hui.

Un temps impossible : un futur vaillant et pourtant perdu.

J'écoute Sakamoto et j'éprouve la nostalgie d'un monde qui ne sera pas comme on l'imaginait. Ou, pour le dire autrement, la mélancolie d'un certain élan. Quelque chose qu'expriment quatre mots à la fois simples et compliqués : *nous y aurons cru*.

Les jambes de Hassiba

KAOUTHER ADIMI

Je me souviens que le 8 août 1992, à Annaba, ville côtière de l'est de l'Algérie où je passe l'été avec mes parents, nous regardons sur le petit écran Hassiba Boulmerka gagner la médaille d'or olympique du 1 500 mètres. La toute première de l'Algérie, pays indépendant depuis à peine trente ans.
Mais avant la victoire, la course. L'image est brouillée et le son assez pourri, ce qui donne au commentateur une étrange voix chevrotante. Mon père s'en agace à plusieurs reprises et trifouille nerveusement le câble de la télévision. Ma mère finit par planter une fourchette au dos de l'appareil, et miracle, l'image devient nette. La voix demeure un peu tremblante, mais rien de grave : le commentateur est ému.
Hassiba, vingt-quatre ans, s'apprête à s'élancer dans son couloir. Malgré la fourchette, les couleurs restent fades mais c'est la télévision algérienne qui veut cela. Il m'arrive de penser que nous les Algériens, avons été conditionnés à voir la vie à travers ce filtre marron-verdâtre que l'ENTV n'a eu de cesse d'utiliser (… et aujourd'hui encore).
Mais en 1992, je m'en moque du filtre et des couleurs, je dévore des yeux Hassiba. Mes frères ne sont pas devant la télévision, ils disputent une partie de bataille navale,

bien contents de ne pas m'avoir dans leurs pattes. Mes parents, eux, sont tendus, ils le sont depuis des mois. Ils chuchotent – en arabe – pour que je ne comprenne pas. Nous vivons en France depuis deux ans et j'ai oublié ma langue maternelle, mais je devine aujourd'hui de quoi ils parlent : ils préparent notre retour en Algérie prévu deux ans plus tard. Ils organisent notre avenir dans un pays où plus personne n'ose conjuguer au futur. Ils s'interrogent peut-être aussi déjà sur la possibilité de revenir en vacances l'été prochain (nous resterons en France, le pays ayant basculé dans l'épouvante). Ils font des plans sur la comète, tentent de se convaincre qu'il y a encore une possibilité pour que les choses s'arrangent (ma mère), mais il convient d'être réaliste : la situation est bien trop grave pour qu'on en sorte indemnes (mon père).

Sur l'écran, Hassiba court si vite et l'écran est si flou qu'on ne distingue pas vraiment son visage, ses yeux, deux billes noires, semblent être surmontés par un seul sourcil. Dans les gradins du stade olympique de Barcelone, des drapeaux de l'Algérie.

Hassiba est vêtue de vert et porte le dossard numéro 5. Son short flotte. Il est si court – on dirait un justaucorps ou une culotte bouffante – qu'il couvre à peine le haut de ses cuisses. Dans les dernières minutes – ou est-ce seulement des secondes ? –, elle dépasse toutes celles qui la précèdent, avec une telle rapidité que cela semble d'une grande facilité, comme si elle pouvait le faire dès le début de la course mais qu'elle avait choisi d'attendre le dernier moment, le dernier tournant. Et c'est un double exploit : elle finit première (de loin) et elle est en vie.

Ce 8 août 1992, l'atmosphère est lourde à Annaba. Quelques semaines plus tôt, le président Boudiaf, revenu en Algérie après plusieurs années d'exil, a été assassiné par un membre de sa garde rapprochée dans cette même ville, alors qu'il prononçait un discours. « Quand on regarde les nations qui nous ont dépassés, avec quoi elles nous ont devancés ? Elles nous ont devancés par la science. L'islam... » Et sur ce dernier mot, il est abattu. Les images de Boudiaf assassiné, je ne les ai vues que bien des années plus tard (trente ans plus tard). Je ne me souviens pas de la soirée du 29 juin 1992, j'imagine que nous avons mangé des coquillettes et un Kiri, que nos parents se sont montrés plus impatients, plus agacés qu'à l'accoutumée dans notre minuscule appartement grenoblois et qu'ils nous ont expédiés au lit. Après cela, ils ont dû regarder les informations. Peut-être ont-ils passé un rapide coup de fil en Algérie, malgré le prix de la communication. Et le lendemain matin, sur le chemin de l'école, ils ont fait semblant. Semblant de rien. Semblant que nous n'étions pas tous en deuil, d'un homme lâchement assassiné, d'un président, d'un dernier espoir.
Quelques semaines plus tard, à Annaba, mes frères et moi n'avons pas conscience de ce qui se passe autour de nous. Nous passons nos journées à la mer, ramassons des coquillages, fraternisons avec les enfants du coin. Mes parents, eux, lisent les journaux, appellent les amis, les frères, les sœurs, écoutent la radio, raisonnent, se disputent, tentent de comprendre ce qui est en train de se passer : la bascule dans la terreur. Ce sont les derniers mois, les prémices de la guerre

civile. C'est encore une crise politique. Ce sera bientôt une guerre civile.
Et Hassiba qui court en short.
Sur le canapé bien vieux, bien laid, tout à fait en velours marron, typique des petits bungalows de la région que mes parents louent le temps de cet été, je regarde sur l'écran cathodique Hassiba Boulmerka marquer l'histoire à Barcelone. Elle est cette « Algérie qui gagne ».
À vrai dire, Hassiba a l'habitude des victoires : elle est double championne d'Afrique et, un an avant les JO de Barcelone, a remporté les Championnats du monde à Tokyo.
Je la revois fière, faire un geste de victoire le bras en l'air, un autre plus bas, le poing serré, puis les deux bras tendus comme des embrassades un peu rigides mais aussi avec l'air presque de dire « Vous avez vu ? On les a eus » sans que l'on comprenne trop bien à qui ce « les » fait référence. Courir ensuite avec le drapeau algérien, se précipiter vers Amar Bouras, son entraîneur, pousser – avec force – ceux qui sont en travers de son chemin et se jeter, enfin, dans ses bras.
À vrai dire, moi, à six ans, l'athlétisme, l'Algérie qui gagne, tout ça, je m'en fiche un peu, c'est très abstrait. Mais le short de Hassiba, ça, ça m'intéresse beaucoup. Et je ne suis pas la seule. Menacée de mort par les islamistes radicalisés, Hassiba a dû se résoudre à partir s'entraîner en Allemagne, protégée en permanence par une escorte. Lorsqu'elle s'élance ce jour-là, lorsqu'elle franchit la ligne d'arrivée 3 minutes, 55 secondes et 31 centièmes plus tard, lorsqu'elle gagne, que ses jambes puissantes et nues s'affichent sur le petit écran

algérien, c'est un doigt d'honneur à tous les intégristes du pays qui menacent de prendre le pouvoir. Mais c'est également un message puissant envoyé à toutes les gamines qui, comme moi, étaient devant leur écran de télévision, ce jour-là.
Je me souviens avoir croisé Hassiba dans un avion qui faisait Lyon-Alger ou Alger-Lyon, quelques semaines ou quelques années plus tard. Ou peut-être était-ce avant sa victoire, je ne sais plus. Elle affichait un air fier et tout le monde avait beaucoup d'égards envers elle. Elle portait une tenue de sport, je crois qu'il s'agissait d'un jogging aux couleurs de l'équipe algérienne, et elle était assise au premier rang de l'avion. Lorsqu'on est passés devant elle, mon père a chuchoté à mon oreille que c'était là une grande femme. Il a également ajouté pour bien appuyer son propos : « C'est un homme. » Et dans son esprit, cela se voulait un compliment.

Adulte cette histoire continue de m'obséder

Thierry Frémaux

Je me souviens de Klaus Wolfermann. Ce nom ne vous dit sûrement rien. Il trottait dans ma tête d'enfant, il trotte dans ma tête d'adulte. Il ne s'est jamais enfui, a toujours réapparu, ne s'efface pas. Le cerveau fonctionne étrangement, j'apprendrai ça plus tard à la fac de sciences naturelles, pour le peu que je la fréquenterai : le lobe temporal filtre la conscience, sélectionne tel événement de l'existence, bazarde tel autre, et décide dans le vertige ce qui restera d'une vie. Le mien, de cerveau, s'obstine, cinquante ans après la fin de l'été 1972, à ne pas oublier celui qui a gagné le concours du lancer du javelot des Jeux olympiques de Munich : Klaus Wolfermann. Le 3 septembre 1972, il remporta le titre à son cinquième essai avec un jet de 90,48 m, en battant de deux centimètres son rival soviétique Jānis Lūsis. Soviétique mais letton, entre parenthèses : Lūsis ça ne fait pas très russe. La comptabilité des médailles, c'était du bidon, comme la prétendue domination de l'empire : on a depuis retrouvé le sens des proportions, en matière de classements comme de dopage et avec l'explosion de l'« URSS*E* » en 1991, tout le monde a compris tout le reste – sauf Vladimir Poutine.
Klaus Wolfermann, disais-je. Je me souviens de ses cris, de ses sauts de cabri, de sa barbichette, ce corps

replet si éloigné des codes esthétiques des Apollons des stades, même si revoir les images de son lancer victorieux vous donne instantanément mal à l'épaule. Avec son apparence de cadre d'entreprise, on aurait dit un commercial d'Adidas qui écumerait les villes ouest-germaines de moyenne importance. Il portait le débardeur RFA, écusson sur la poitrine, aigle noir sur fond jaune, un maillot que les Français craignaient, quoique moins que celui de la DDR, les « Allemands de l'Est », un peuple d'athlètes redoutables formés à la gagne. La célèbre saillie de Gary Lineker sur la nature pragmatique du football ouest-allemand s'appliquait alors à l'Allemagne de l'Est, et pas seulement pour le ballon rond. À la fin, c'est toujours eux qui gagnaient. Mais la nation qui a donné naissance à Kornelia Ender ne peut être tout à fait mauvaise – Vincent Duluc a tout dit sur la belle disparue.

On retient de ces trucs, quand même. Klaus Wolfermann. Peut-être est-ce le patronyme lui-même, la façon dont il résonne. Wolf, le loup, un animal, un mot, qui obsédèrent Jack London et plus tard Jim Harrison. On ne doit plus être nombreux à savoir qui était ce Wolfermann. Grâce à moi, on ne l'oubliera pas. Il m'appartient. Si Benoît Heimermann m'annonce qu'un des textes de ce livre le mentionne, je me retire immédiatement de la liste des contributeurs.

Munich, c'était le retour des Jeux sur le continent européen. On nous disait ça. J'étais enfant. Après Rome 1960, les épreuves avaient fait une halte en Asie (Tokyo 1964) et en Amérique centrale (Mexico 1968). De Tokyo, je n'ai aucun souvenir, sauf celui, rétrospectif, du judoka Anton Geesink battant les Japonais sur leurs propres tatamis, et de surcroît dans la noble catégorie des poids lourds, ce qui leur rendit la défaite plus humiliante encore. De Mexico me restent quelques bribes qui se mêlent confusément à celles de la Coupe du monde de football, disputée deux ans plus tard. À la maison, on parlait des manifestations étudiantes matées dans le sang et des poings levés de Tommie Smith et John Carlos sur le podium du 200 mètres : de ces derniers, une seule photo a démultiplié la trace et le symbole, pour compenser le bannissement honteux qui les frappa ; des trois cents morts du massacre de Tlatelolco, il ne reste rien. La mémoire olympique ne les a pas retenus, parce que cela arriva avant la cérémonie d'ouverture. Facile. Avery Brundage, le terrible président du CIO qui ressemblait à Laurence Olivier dans *Marathon Man* et qui excommuniait à tout va les athlètes dont la tête ne lui revenait pas, effaça l'incident d'un revers de manche. Il avait l'habitude de ferrailler pour isoler l'olympisme du monde réel alors que l'Histoire ne cesse de prouver le contraire. Quatre ans plus tard, la prise en otages des athlètes israéliens le lui rappellera violemment : séparer le sport de la politique, il ne faut pas, on ne peut pas. En s'installant à Munich, les Jeux revenaient en Allemagne près de quarante ans après ceux de Berlin, en 1936, une célébration de sinistre mémoire comme chacun sait, prélude à un futur épouvantable dont quelques rares consciences eurent le courage de dénoncer l'imminence – on a les noms. En 1972, pas de montée des périls, pas de dictateurs exigeant qu'on leur fasse les yeux doux comme au XXIe siècle (on a les noms aussi), pas de pays européens hésitant entre la couardise et l'aveuglement ni aucun autre à profiter de l'euphorie pour en découdre avec ses voisins. Bref, pas de chancelier pithiatique pour s'exciter à la tribune et réprouver le triomphe d'un athlète noir. La réconciliation du monde était au sommet, dans le triomphe hégémonique du bonheur occidental imposé à tous, jusqu'à une table de ping-pong partagée par Richard Nixon et Mao Zedong.

« L'Allemagne », celle de l'Ouest, vite reconstruite car passée du bon côté de l'Histoire avec la guerre froide, retrouvait le droit d'exposer son insolente réussite. On en oublia que Munich était la ville de naissance du nazisme et que le stade, impérial et moderne, était construit à proximité du camp de Dachau. Miloš Forman, qui posera ses caméras sur ces Jeux dans un film collectif mémorable, *Vision of Eight*, mourra sans réaliser son ultime projet, adapté du livre de Georges-Marc Benamou, *Le Fantôme de Munich*. Lorsqu'il arriva en ville et visita le lieu où, en 1938, quelques démocraties européennes baissèrent leur pantalon devant Hitler, il déclara : « J'ai la chair de poule de savoir que c'est dans cette salle que s'est joué le sort de mes parents. »

Après bien des atermoiements, le mouvement olympique décida à la dernière minute l'exclusion de la Rhodésie du Sud pour fait de discrimination raciale – surtout par trouille de voir le continent africain boycotter la quinzaine. La décision était attendue avec crainte et le vote fut serré : il y avait comme une résistance sournoise, un conservatisme de gros pardessus que l'on masquait en noble apolitisme – y a-t-il plus crétin que l'apolitisme, le CIO a-t-il pris dans son histoire une décision majeure hors des pressions venues de l'extérieur ? En 1972, l'Afrique du Sud était bannie du concert des Nations mais pas par toutes les fédérations sportives. On n'a pas idée aujourd'hui des tergiversations suscitées par l'apartheid, qu'un peu de détermination et de lucidité réduisirent en miettes en quelques mois de 1991. Elles ont endommagé des années durant l'idée qu'on pouvait se faire de l'universalité du sport (et du reste, gloire à Steve Van Zandt, le guitariste de Bruce Springsteen, qui fit un tube mondial de son refus d'aller chanter à Sun City). Souvenons-nous que pour jouer contre les Springboks et contourner l'opprobre, le XV de France se rendait régulièrement à Johannesburg avec, dans ses rangs et pour prouver sa large vision des choses, un joueur de couleur (Roger Bourgarel puis Serge Blanco), comme si cela atténuait la portée de la faute et la souffrance des populations. On prête même à un président de la FFR cet envol autosatisfait : « Et en plus, vous savez comment s'appelle notre joueur de couleur ? Blanco ! » (C'est tellement gros que c'est à se demander si cela peut être vrai.)

En 1972, l'efficacité allemande, qui déçoit rarement, fit merveille. Les installations étaient les meilleures du monde, de blondes *Gretchen* dispensaient des *Wilkommen* dans des spots publicitaires planétaires, la charte graphique stupéfia par son inventivité. Sept mille cent trente-quatre athlètes, dont mille cinquante-neuf femmes (14 %, hum, Tokyo 2020 a fait 48 %, Paris 2024 vise les 50 %), prirent part à cent quatre-vingt-quinze compétitions, cent vingt et une nations s'alignèrent dans vingt et un sports. Tout était prêt. Moi aussi.

C'est cette année-là que le sport entra véritablement dans ma vie : il y avait d'abord eu Grenoble 1968 avec Jean-Claude Killy et les Jeux chez moi dans les Alpes

– on reste quelques-uns à se prosterner à Chamrousse ou devant le tremplin olympique d'Autrans comme à se régaler devant le merveilleux documentaire de Claude Lelouch, *Treize jours en France*. Puis en 1971, ma vive souffrance suite à la spectaculaire défaite d'Eddy Merckx devant Luis Ocaña à Orcières-Merlette durant le Tour : je deviens mercksiste à jamais. Après la chute d'Eddy à Saint-Étienne dans le Paris-Nice de mars 1972, j'achète *L'Équipe* : en lisant le sport, j'apprends à lire une deuxième fois. Bientôt, je comprendrai qu'il n'y a pas de passion sans culture, pas de cinéphilie sans lecture et que voir des films, comme voir des matchs, ne suffit pas : dans les deux cas, il faut savoir les analyser, les commenter et commenter les commentaires – ce qu'on préfère, tiens.

L'« année olympique 1972 » tomba pile. Elle commença en février à Sapporo : pour découvrir les montagnes japonaises (et assister à l'un de ces fiascos dont le sport français était coutumier), on se leva la nuit, comme pour le combat du siècle entre Muhammad Ali et Joe Frazier un an plus tôt. Puis, après Merckx qui rappela dans le Tour 1972 qui était le taulier, arriva Munich, qui allait être *nos* Jeux. La plongée au cœur du monde serait inoubliable, les étendards allaient flotter, on découvrirait les *milers* africains, les *hurdlers* américains (et le jeune Guy Drut), les sauteuses allemandes, les hockeyeurs pakistanais. J'avais acheté le catalogue Panini, je me faisais offrir des vignettes, je connaissais tout par cœur. D'où ce souvenir persistant de Klaus Wolfermann – je redis son nom, vous étiez en train de l'oublier. Mais il y eut quelques athlètes plus notoires que mon lanceur de javelot, qui vinrent peupler un étincelant firmament dont je peux aisément me souvenir des plus belles étoiles :

– Shane Gould l'Australienne, qui fut la seule nageuse à détenir TOUS les records du monde, du 100 au 1 500 mètres nage libre, qui mit fin à sa carrière à l'âge de… seize ans ;

– Valeriy Borzov, le Soviétique mutique (quasi un pléonasme) qui fera le doublé sur 100 et 200 mètres ;

– Lasse Virén, qui renouvelle le genre « finlandais volant » et fera la même chose sur 5 000 et 10 000 mètres (il remettra ça quatre ans plus tard sans avoir rien fait entre-temps) ;

– Dave Wottle, le coureur de 800 mètres ; une espèce de branleur qui partait toujours lentement, remontant de l'arrière tous ses concurrents peu méfiants pour finir par l'emporter, et cela marcha plusieurs fois ;

– Daniel Morelon, le pistard français, champion de la vitesse et aussi du sur-place (je me comprends) ;

– Vassili Alexeiev, l'haltérophile, l'homme le plus fort du monde, et le plus gentil ;

– Olga Korbut, la première des femmes-enfants de la gymnastique moderne dont Nadia Comăneci sera définitivement l'incarnation quatre ans plus tard ;

– Mark Spitz, qui en natation remporta sept médailles d'or en sept jours, exploit inégalé et longtemps inégalable, avec ses manières de boxeur annonçant le résultat des épreuves à l'avance (c'est-à-dire victoire de… lui) et qui, face à des adversaires qui se rasaient les jambes, les sourcils et la tête pour gagner quelques centièmes de seconde, arborait une superbe moustache ;

– les basketteurs de l'URSS et des USA qui s'affrontèrent en finale où trois secondes supplémentaires

accordées aux Russes en toute fin de match leur permirent de marquer à la dernière seconde et de l'emporter face aux Américains qui se révélèrent mauvais perdants, un peu comme Donald Trump ;
– le judo, sport de démonstration à Tokyo, huit ans plus tôt, qui s'installa définitivement comme sport olympique. Willem Ruska succéda à Geesink en gagnant les lourds et les « toutes cat' ». Les Japonais, qui n'avaient pas sélectionné Shōzō Fujii, le Roi Soleil, empochent tout de même la plupart des titres, et la France ramène trois médailles de bronze dont celle de Jean-Jacques Mounier défait par un Mongol dopé, Bakhaavaa Buidaa, qu'on n'a plus jamais revu, normal.

Les gestes et les visages figent éternellement le temps et le style. Ce « Je me souviens » de Munich 1972 pourrait s'arrêter là, se conclure par quelques jolies phrases sur la beauté du sport, la grandeur des stades et la force de nos souvenirs – toutes authentiques. Mais on ne va pas tourner autour du pot : les Jeux de l'été 1972, c'est d'abord le massacre organisé dont ils furent le théâtre. La profanation du rêve, le sang éclaboussant les drapeaux des Nations, un attentat commis sur les lieux du bonheur olympique : le village des athlètes. Écrire sur Munich ne peut se faire sans rappeler ce moment d'Histoire qu'une gestion craintive de voir les festivités entravées par un événement extérieur a empêché, une fois déclenchée, que l'abomination soit résolue au mieux, ensuite qu'on lui offre la postérité que les questions posées exigeaient.
L'Allemagne se montrait fière de son village. Elle en vantait la liberté, l'insouciance et autres idées neuves

qui n'étaient pas que de l'attrape-tout médiatico-marketing. Fière aussi de l'image d'un pays bienveillant qui tournait le dos à son sombre passé en laissant des centaines de jeunes gens se gérer eux-mêmes. Résultat : une sécurité trop légère rendit possible que des hommes armés, déguisés en résidents, se jettent avec violence sur des athlètes et des entraîneurs surpris en plein sommeil.

Dans la nuit du 4 au 5 septembre 1972, à 4 h 25 du matin, deux jours après la victoire de Klaus Wolfermann, qui pouvait encore laisser éclater sa joie (car comment être heureux *après* ?), un commando palestinien issu du groupe Septembre noir surgit dans l'appartement de l'équipe israélienne situé dans le bâtiment 31 et prend onze athlètes en otages. Sous peine de les exécuter, et il commence par en tuer deux pour effrayer les autres, il exige la libération de deux cents Palestiniens emprisonnés en Israël. Diffusées en mondovision, y compris pour les assaillants qui connaissent ainsi minute par minute ce qui se trame contre eux, les opérations de sauvetage, bâclées et ratées, aboutissent à un carnage : onze athlètes israéliens assassinés, et dans des conditions cruelles, un policier allemand tué ainsi que cinq Palestiniens. Trois autres seront capturés mais libérés quelques mois plus tard, laissant soupçonner que l'Allemagne était peu désireuse de voir se dérouler un procès où elle aurait été mise en cause.

La suite, c'est Avery Brundage qui déclare sans le moindre doute : « Les Jeux doivent continuer », sa manière à lui d'interpréter la trêve olympique, sa façon surtout de montrer aux terroristes combien la cause

du sport était plus forte que la leur – ce qui n'est pas vrai. Il y aura bien vingt-quatre heures de pause, au moment de l'assaut, mais outre que ce sont surtout les familles des victimes qui furent bouleversées par une telle légèreté politique, le « *The show must go on* » se discute, tout de même – aujourd'hui, les Jeux s'arrêteraient n'est-ce pas ? En matière d'obscénité, on n'est jamais à l'abri de rien.
La suite de la suite, on la connaît maintenant : c'est d'abord Golda Meir, affichant une dramatique intransigeance qui divisa ses propres compatriotes, qui bombarde des sièges de l'OLP pour faire deux cents victimes expiatoires et ordonne de tuer méthodiquement les Palestiniens impliqués dans l'attentat ; puis Israël pays toujours menacé menaçant sa propre démocratie et abattant la plus belle de ses colombes, Yitzhak Rabin. C'est la Palestine, enfin devenue un État mais à quel prix, fragile, bancal et pauvre, qui s'embrase à flots réguliers d'intifadas. C'est la paix toujours remise à plus tard.
Mais ce ne sont pas là des souvenirs qui remontent à la surface. En septembre 1972, ma sœur aînée me parla de ce qui se passait. Cela me parut brutal et abscons : un enfant ne peut pas comprendre ça. Je ne me souviens pas de tout mais j'ai essayé de savoir : des articles, des livres et des films m'auront enseigné ce dont on n'a pas pu ou voulu expliquer les véritables contours. Adulte, cette histoire continue de m'obséder – un peu comme les deux 11 septembre (Santiago du Chili en 1973 et New York en 2001) et les attentats de 2015. Elle m'a appris plusieurs choses : d'abord que, chez les civils, la guerre c'est non, ensuite que la sympathie qu'on peut éprouver pour un peuple privé de sa terre se fracasse

contre l'effroi d'un tel événement – en gros : s'adapter à la morale du monde est un effort insurmontable pour qui vit dans le désespoir mais, même lorsque les forces du mal sont partout, ajouter du malheur au malheur n'amène rien. Peut-on être un combattant aux motifs nobles sans devenir un assassin ? (Mais qui a la réponse à la question : « Comment faire ? ») Le : « On ne fait pas d'omelette sans casser des œufs » de Lénine cher aux révolutionnaires en herbe était alors l'objet d'une indulgence déconcertante.

À Munich, tout le monde a tout perdu : la messe olympique, qui ne sera plus jamais la même ; la cause palestinienne, trop assimilée à cette violence pour qu'on accepte de comprendre ce qu'elle subit dans les territoires occupés et qu'on s'offusque qu'on ait foulé aux pieds les accords d'Oslo ; les athlètes israéliens et leurs proches, qui subirent les effets d'un scandaleux déni. Et d'un outrage passé sous silence : ça n'est qu'en septembre 2022 que l'État allemand a présenté ses excuses officielles aux familles pour la manière dont les choses se sont passées. Elles auraient pu arriver plus tôt, être formulées d'emblée, ne serait-ce que pour déjouer la tragique évidence : en 1972, des juifs furent tués en Allemagne, et parce qu'ils étaient juifs. Comme souvent, la gestion du problème fut aussi dramatique que le problème lui-même. L'attentat aurait eu lieu ailleurs si les Jeux avaient eu lieu ailleurs. Mais c'était à cet endroit-là, cet été-là. Et il s'acheva de cette façon-là.

Les années 1970 amorçaient le double avènement de l'ultra-capitalisme et du radicalisme humaniste – la confrontation n'est pas proche de s'arrêter. Elles étaient aussi celles de l'universalisation du sport et

de l'internationalisme des luttes. L'attentat des Jeux d'été 1972 fut leur pendant mortifère.
J'aurais aimé ne parler que des épreuves et me réjouir d'avoir trouvé sur Internet des vidéos de Klaus Wolfermann, toujours de ce monde, toujours débonnaire, toujours l'allure d'un commercial d'Adidas (à la retraite). Le sport m'a appris très tôt qu'il fallait savoir se fabriquer des souvenirs et j'en ai plein de très beaux. Mais à Munich 1972, la complexité du monde a sauté aux yeux de l'enfant que j'étais. Il y eut la ronde et le monde, le sport et la mort. J'ai vite compris qu'il n'y avait aucune raison qu'ils soient inséparables.

Ce texte a été écrit pendant l'été 2023. Dans une histoire qui n'a pas de fin, un massacre opéré par le groupe terroriste Hamas le 7 octobre suivant sur le territoire israélien est venu assombrir les perspectives d'une paix que plus personne ne semble vouloir.

Guy Drut, c'était moi

Philippe Claudel

Je me souviens, vous vous souvenez peut-être, que l'été 1976 fut caniculaire. Il n'avait pas plu depuis le mois de mai. Les températures entre juin et juillet n'avaient cessé de monter. L'herbe des prés jaunissait. Les paysans de ma petite ville – quatre familles encore en ce temps, les Dehan, les Guillaumont, les Poulet, les Roussel – se lamentaient et nous les plaignions. La terre se craquelait, donnant à la campagne lorraine une peau de Sahel. Le bétail hurlait à la lune. Le niveau des rivières ne cessait de baisser, comme celui des étangs. Les mares n'existaient plus. Les puits étaient à sec. On regardait le ciel. On espérait des nuages, de longs orages, des tiédeurs. Mais rien ne venait. Chaque jour était identique au précédent, écrasé de soleil, inerte, hagard.

J'avais quatorze ans.

La chaleur semblait plus encore étirer mes longues vacances. Chaque matin, je partais tôt de la maison, vers les cinq heures, et dans l'aube j'allais sur les berges d'un des nombreux cours d'eau de ma petite ville, dans lesquels les poissons se pâmaient, au point de rider la surface de leurs nageoires dorsales et de la trouer, suppliants, par leurs gueules ouvertes, cherchant un oxygène qui avait fui les courants indolents, se laissant

dériver et mourir, ventres en l'air, blancs et gonflés, pourris presque déjà.
Cela sentait la vase, la poussière, la charogne, l'herbe sèche, le chemin creux, le bois brûlé sans incendie. Le vent quand il se levait ne tempérait nullement la chaleur mais au contraire la fouettait, lui donnant une haleine de sirocco qui brûlait nos yeux et nos gorges.
Je me souviens que le seul endroit qui me procurait une illusion de fraîcheur était un coude du Sânon, entre Sommerviller et Crévic, où la déclivité du lit, sa largeur angustiée, et quelques gros cailloux éboulés là avaient créé un mirage de rapide : l'eau se hâtait soudain, cascadait, se heurtait aux pierres, et devenait alors miraculeusement sonore, malgré son très faible étiage en cet été maudit, et c'était bien ce bruit, cette musique tour à tour chuintante, goitreuse, cristalline, ébouriffée et glougloutante, qui délivrait ce sentiment rafraîchissant, cette illusion de m'être extrait du grand été brûlant, pour m'allonger un moment sur une berge septentrionale, sibérienne ou lapone.
J'y venais déjà souvent, avant ce grand été, y pêcher le chevesne, ou pour être plus exact et employer le nom local, le *boucset*, poisson blanc à la chair décevante, mais combattant sublime au corps fuselé et musculeux, à la gueule ronde, grand seigneur des eaux douces, qui ne possède certes pas la denture du brochet, du sandre ou de la perche, mais partage leur arrogance et leur souveraineté.
Je tentais de prendre ce poisson dans le rapide, à la tenue, c'est-à-dire avec une ligne lestée d'un gros plomb qui reste à fond, et l'hameçon couronné d'une cerise aigre, car il en est friand.

C'était toujours des heures rares, des attentes éblouies, des excitations folles quand la ligne se tendait, des combats incertains qui, lorsque j'en sortais vainqueur, me permettaient de tenir contre moi le grand poisson vivant, de sentir son parfum, de voir son œil noir ourlé d'or circulaire, dubitatif, interrogateur, d'y perdre le mien, et de le laisser ensuite retourner dans l'eau, s'ébrouer sur le bord, incrédule d'une liberté recouvrée, et puis filer soudain vers le profond, tandis que sur mes doigts subsistaient son souvenir gluant et son odeur forte jusqu'au soir, jusqu'au lit.
Pour rien au monde, je ne me serais lavé de cela.
Je m'endormais en sentant.
J'étais au paradis.
Dans le juillet de 1976, sur la minuscule plage de ce gué clandestin, j'ai trouvé une revue qui m'a procuré longtemps des instants capiteux, inconnus jusqu'alors et rendus plus encore violents par la honte qui me saisissait jusqu'au plus profond de moi-même quand durant des semaines, d'une main, je l'ai vagabondée et revagabondée encore.
J'avais pesté dans un premier temps contre ce déchet de papier, abandonné là, sale, ouvert, dépenaillé. La couverture en avait été arrachée, et peut-être d'autres pages aussi, et ce qui en restait baignait dans l'eau rare, comme une chevelure vaguement bougée.
Je l'avais saisie du bout d'un bâton pour la jeter au loin hors de ma vue mais, la faisant passer par-dessus ma tête, j'ai aperçu à contre-jour du ciel, posé sur l'arrière-plan des frondaisons des frênes et des saules exténués, un sexe féminin, ambré d'une exubérante

pilosité, d'un brun tirant sur le roux, tout en volutes et frisures, énorme, ouvert et paresseux.
Jamais mon cœur n'avait cogné aussi fort dans ma poitrine.
Alors, j'arrêtai mon geste. Je saisis l'offrande.
Le magazine défiguré, sans nom, devint ma bible estivale.
Séché, lissé, repassé – et ma mère me demandant de loin, tandis qu'elle surveillait la confection de la sauce tomate dans la cour de notre maison, en s'épongeant le front d'un revers de main, au-dessus de la grande bassine clapotante, « Alors tu te mets à repasser maintenant toi ? » – page après page, à l'abri de ses regards, entre deux bermudas et trois polos – on ne disait pas tee-shirts en ce temps chez moi – qui me servaient de prétexte à mes travaux ménagers, je passais sous le fer des seins de Walkyries et des pubis teutons car le numéro de ce mensuel pornographique avait consacré un dossier spécial, baptisé « *Hübschen Mädchen* », aux beautés allemandes, dont les mâchoires carrées, les cheveux blonds coupés dru, les cuisses musculeuses, les culs de statue et les sexes d'une blondeur cendreuse, occupaient le cahier central dont j'appris à connaître chaque millimètre carré. Combien de fois me suis-je adonné à des travaux manuels en cet été grâce à cet adjuvant miraculeux, passant des vulves germaines à la beauté arrogante de Sydne Rome en nuisette échancrée dont la revue évoquait le dernier film, *Umarmungen und andere Sachen*[1],

1. Réalisé par Jochen Richter, il réunit, en plus de Sydne Rome, Anny Duperey et Jean-Pierre Léaud. Sorti en France sous le titre *Par ici la bonne soupe*, son titre original aurait pu se traduire plus fidèlement par *Câlins et autres choses*.

en cet été interminable où l'ennui brutalement s'invita car la pêche fut un matin interdite dans le département sur arrêté préfectoral, ce qui me tira les larmes des yeux, moi qui venais un jour plus tôt d'attraper mon premier sandre sous le barrage, près de l'Île aux Corbeaux, dans un trou d'eau où tous les poissons désespérés avaient trouvé refuge et où mon sandre, plus suicidaire ou lucide que ses autres congénères, avait décidé soudain d'abréger sa vie ?

Qu'allais-je devenir en ces journées étales ?

Heureusement allaient s'ouvrir les Jeux olympiques.

À Montréal.

C'est-à-dire en quelque sorte chez nous.

Un chez nous lointain, enrubanné d'un français chantonnant peuplé de mots bizarres, mais un chez nous tout de même.

Le chez nous de la *Belle Province*.

Dans notre foyer, la télévision était alors un objet encore neuf. Révéré. Allumé parcimonieusement. Le *Journal télévisé. Les Dossiers de l'écran. La Séquence du spectateur. Le Grand Échiquier. Intervilles. Roland-Garros* où, en cette année, aucune de mes deux idoles, Martina Navratilova et Chris Evert, n'avait brillé. Et par-dessus tout, le Tour de France remporté le 18 juillet par Lucien Van Impe, devant Joop Zoetemelk et Raymond Poulidor, tandis que Jacques Goddet, impérial et debout dans sa décapotable, semblait un tribun romain échappé des Jeux du Cirque.

Pour regarder la télé, il fallait demander la permission. On n'allumait pas comme cela le *poste*. De peur de l'user sans doute ? D'en abréger la résistance ? Ou de trop consommer sa drogue insidieuse ?

Nos parents dans leur ignorance n'étaient-ils pas alors riches d'un savoir que nous mettrions des décennies à connaître ? Avaient-ils déjà obscurément compris, comme l'a si joliment exprimé Michel Piccoli des années plus tard, que « la télé enconnarde le monde » ? J'ose le croire.

Mais depuis bien longtemps hélas, ils ne sont plus là pour me répondre.

J'avais en mémoire mais de façon confuse la tragédie des Jeux de Munich, durant laquelle quatre années plus tôt onze athlètes israéliens avaient trouvé la mort, ainsi qu'un policier allemand et cinq des huit terroristes de Septembre noir.

La fête du sport avait été ensanglantée, ce qui m'avait laissé dans une grande stupéfaction.

Chacun bien entendu espérait que cela ne se reproduise pas.

Une semaine exactement avant la cérémonie d'ouverture eut lieu en Italie la catastrophe de Seveso, mais on n'en avait à ce moment pas pris encore la mesure, et il faudra attendre plusieurs semaines avant que le monde s'en émeuve.

Les Jeux pouvaient donc commencer et ponctuer mes soirées, en raison du décalage horaire.

Fenêtres ouvertes, je m'installais devant l'écran qui était encore chez nous en noir et blanc. Au-dehors, le chant des grillons et des grenouilles. L'haleine chaude de juillet, de paille et de fumier sec. L'image n'était pas très bonne, mais qu'importait : ce qui était fascinant pour moi encore à cette époque était de pouvoir suivre, en direct, un événement se déroulant à plus de 5 000 kilomètres. La terre, immense, avait commencé à se rétrécir. Ma géographie, apprise et rêvée sur de vastes planisphères, devenait une cartographie de timbre-poste. J'étais ici et là-bas, dans le même moment. Des gestes produits outre-Atlantique me procuraient des émotions immédiates, dans notre maison.

J'en avais le vertige.

Il me faut tout de même confesser que les Jeux olympiques n'ont jamais été pour moi un passionnant moment sportif. Je ne saurais trop expliquer cela. Peut-être est-ce dû au fait que l'offre pléthorique des disciplines en ce moment dilue l'intensité de chacune d'elles ? On ne sait plus où donner de la tête et du cœur.

On se perd.

En tout cas, *je* me perds.

Mais pas en 1976, où, durant la XXIe Olympiade de l'ère moderne, je me suis passionné pour deux athlètes hors du commun, dissemblables en tout, mais qui ont réussi à marquer ma vie.

La première, je n'en parlerai pas. Ou à peine. Car l'aimer, être fasciné par elle, citer son nom, est d'une telle banalité que c'en est à pleurer tant d'autres avant moi l'ont fait mieux que moi.

Allez, je dis tout de même son nom.

Nadia.

Nadia Comăneci.

La petite, gracile, gracieuse, si jeune, trop jeune Nadia Comăneci.

On peut frénétiquement, des jours durant, se caresser sur une revue pornographique incomplète, trouvée sur la berge d'une rivière lorraine, et demeurer

néanmoins, profondément, intensément, romantique : c'était mon cas.
Disons-le tout net : je n'avais jamais regardé auparavant de compétitions de gymnastique, et n'en ai jamais regardé depuis. La gymnastique ne m'intéresse pas. Le mot même rime avec des souvenirs pas très agréables de cheval d'arçon, de corde à nœuds, de tapis gorgés d'odeurs de pieds, et de professeurs d'éducation physique et sportive en fin de carrière, amateur de bières blondes et de Gauloises sans filtre, qui n'avaient plus rien de sportif, et encore moins de physique.
Mais Nadia Comăneci... Ah mon Dieu...
Montréal. 76.
Nadia.
Nous avions le même âge.
Nous avons le même âge.
J'étais un anonyme collégien prépubère piqué par la grossière épingle d'un été incandescent sur le liège racorni de la campagne lorraine.
Elle était une perfection roumaine, souple, bondissante, qui défiait la pesanteur, la rigidité de nos squelettes, leur résistance, et repoussait toutes les limites de son art.
Comment en ce cas ne pas être amoureux d'elle ?
Je l'ai été.
Comme des millions d'autres je présume.
Je lui ai écrit des lettres, des poèmes.
Jamais envoyés bien sûr.
J'ai gravé son prénom sur des arbres.
Certains sont encore debout, malgré les tempêtes, malgré le temps, malgré nous, dans le bois du Poncé, sur la Digue du tennis, au cœur de Rambétant.

Je les vois encore chaque jour : mes gravures se sont élancées, sont montées vers le ciel, se sont distordues, mais on peut encore lire le prénom rêvé :
« Nadia »
Merci pour ces heures illuminées !
Et puis, et puis il y a eu Guy Drut.
Autre format.
Autre émotion.
Française.
Masculine.
Puissante.
Arrogante presque.
Sans doute y a-t-il eu de jeunes gens et des moins jeunes pour tomber en amour avec lui comme moi avec Nadia Comăneci ? Car le gaillard était séduisant, gaulé comme une statue, larges épaules, muscles saillants, sourire d'une infinie beauté sûre d'elle-même, le tout empaqueté dans les équipements de l'époque, mini-short – pléonasme ! – et débardeur dévoilant des épaules parfaites.
Guy Drut.
Un peu vantard.
Un peu bravache.
Un peu roi du monde.
En tout point français, donc.
Je n'aimais pas plus le 110 mètres haies que la gymnastique.
J'aimais courir depuis l'enfance, sauter les fossés, les branches basses, mais de là à en faire une discipline. Non. Jamais. D'ailleurs le mot *discipline* a toujours eu de quoi m'irriter. Hier et aujourd'hui.
Il me semble que la fascination que j'ai eue pour Guy Drut et le 110 mètres haies a tenu alors à deux facteurs :

L'homme, sa beauté, sa grande gueule – il ressemblait à bien des mauvais garçons un peu plus âgés que moi, que je voyais prendre des bières au Globe, leur bistrot à juke-box, rue Mathieu, la Gitane au coin des lèvres, et qui embrassaient des filles aux cuisses longues sous leurs minijupes en daim, puis se tuaient un peu plus tard, avec elles ou sans elles, mais sans casque toujours, dans le virage vicieux d'une départementale, sur leur 750 Kawa, à l'âge de Jimi Hendrix, de Brian Jones, et de Jim Morrison dont ils avaient le visage d'ange et la chevelure bouclée.
Et puis aussi l'artificialité absolue de cette course. Où il faut courir vite. Mais cela, je peux comprendre. Mais courir vite en sautant des obstacles rapprochés, et le faire d'une manière absolument artificielle, lancer une jambe à l'horizontale, au-dessus de l'obstacle, la faire retomber le plus vite possible de façon à ce que le pied touche le sol rapidement, et dans le même temps, plier l'autre, la ployer en un crochet et la déployer aussitôt comme si elle était mue par un ressort.
Recommencer à chaque haie.
Dix en tout.
Il y a là une cadence métronomique.
Rien de naturel.
Rien qui rapproche de la course libre.
Du saut spontané par-dessus une branche, un fossé.
Rien d'humain.
Le 110 mètres haies est une affaire algébrique.
Robotique.
Une partition perforée d'orgue de barbarie.
Je ne sais quel esprit malade a enfanté cela ?
Mais bravo.

C'est de la danse.
De la merveille.
De la pure, délicate, parfaite, sublime merveille.
Guy Drut assure lors des séries, termine tranquillement quatrième en 14 secondes 04.
Il rate sa demi-finale. Deuxième en 13 secondes 49.
S'isole sur le stade.
Fait la gueule.
Ou joue à faire la gueule.
Car les autres le guettent. L'épient.
Tout cela se bluffe et se joue.
Guy Drut se concentre.
Quatre ans plus tôt il a conquis l'argent. À Munich. Bavière. Jeux sanglants. On l'a dit. L'argent c'est bien. Mais désormais l'argent ne peut suffire. C'est l'or dont on rêve.
Rien d'autre.
Guy Drut est fort.
Un des plus forts.
Il a été blessé mais.
On l'attend.
On l'observe.
La concurrence est rude.
Un Cubain.
Un Américain.
Guy Drut.
D'ailleurs on hésite, *Dru* (t) ou *Drute*.
On ne sait comment prononcer.
Les commentateurs s'y perdent.
On entend les deux.
La finale enfin.
Il part mal.

Il est derrière.
Tout va très vite.
On se dit que c'est fini.
Mais il remonte.
Il remonte.
Le temps que vous prenez à me lire dépasse le temps de la course.
Guy Drut court plus vite que mes mots.
Il dépasse Davenport, l'Américain.
Il dépasse Casanas, le Cubain.
Et la ligne est là, toute proche.
Et sur la ligne, Guy Drut a ce mouvement incroyable :
Il se casse.
Il projette ses épaules et sa tête sur le devant.
Il ploie son buste.
Il va se briser.
On dirait une poupée fracassée sous un violent coup de marteau.
C'est terminé.
Toujours les grillons au-dehors.
Les grenouilles.
La nuit de Lorraine, Louisiane soudain, et le Québec au loin dans le carré du petit téléviseur.
La chaleur.
Mon cœur comme un poing rageur dans ma poitrine.
Guy Drut trottine, reprend son souffle, moi aussi. Il se tourne soudain non pas vers nous – vers qui au juste ? je ne l'ai jamais su : il regarde un tableau d'affichage, pointe un doigt vers sa poitrine, sourit, feint l'étonnement et demande sans le dire tout à fait, mais on comprend : « C'est moi ? », et ensuite, toujours à cet interlocuteur hors champ, à tout le monde ou

à personne, avec un sourire d'enfant, un sourire de gamin canaille de cour d'école heureux d'avoir réussi son coup : « Sûr ? »
Ce mot, on le lit sur ses lèvres :
« Sûr ? »
Oui, Guy, *sûr*, tu l'as fait.
On l'a fait.
Car c'est cela les champions, le sport. Quel que soit le sport.
Ils l'ont fait.
Mais *on* l'a fait.
On gagne par *eux*.
À travers eux.
Ils gagnent pour nous.
Sinon, tout cela n'a aucun sens ni aucun intérêt.
J'ai gagné la finale du 110 mètres haies à Montréal en 1976, à quatorze ans, chez moi, dans un fauteuil, après avoir passé une journée entière dans la chaleur oppressante d'un été lorrain, et rêvé de corps nus alanguis sur les mousses d'une forêt de Rhénanie.
J'avais simplement pris l'apparence de Guy Drut.
Guy Drut, c'était moi.
Personne ne l'a su.
Personne ne le sait.
Même pas lui.
Mais ce n'est pas grave.
Rien n'est grave.
Même si tout est sérieux.
Et le sport plus que toute autre chose.

Une mémoire de flanelle

Jean-Paul Dubois

Je me souviens que je dois écrire un truc à propos de plein de choses que j'ai oubliées depuis longtemps. À moins que ce ne soit l'inverse. Je veux dire que depuis longtemps j'aurais dû oublier ce trop-plein de choses dont je me souviens. D'un autre côté, moi ça me va, plus j'oublie, moins j'ai à écrire. Je crois que je commence à perdre la mémoire. Je mélange un peu tout. Pour la politique, c'est pas terrible. J'ai de Gaulle, j'ai Pompidou, Giscard. Les vieux, ça va encore. Les suivants, je les vois, mais impossible de mettre un nom dessus. Par exemple le grand à lunettes qui sifflait des bières. Ce qui me vient comme ça, c'est machin, mais si, tu sais bien. Bon, laisse tomber. Avec les chanteurs c'est la même chose. Hier, j'ai confondu les groupes Fitch et Goldman Sachs. C'est pas des chanteurs ? Tu vois où j'en suis. En tout cas, dis-toi qu'au milieu de ce bordel, il y a quand même un domaine où, dans ma tête, tout est nickel, étiqueté, avec des tiroirs précis, coulissants, des dossiers rangés par poids, taille, année. C'est le sport. Pour de vrai. Et, dans le sport, se trouve encore une sous-section sévèrement verrouillée où tout est archivé au millimètre, rangé sous verre, à l'abri de l'air et de la lumière, et ça, ce Fort Knox du tendineux, c'est la section des

Jeux olympiques. Sérieux, j'en ai fait trois pour le boulot.
Quand je dis que je les ai faits, je veux dire que c'est comme mon gendre, qui, chaque année de retour de vacances, me dit « on a fait l'Espagne ». Chaque année, il me dit ça. Bon, ben moi c'est pareil, j'ai fait les Jeux. Sauf que les Jeux, c'est pas toujours en Espagne. Ça y a été une fois, je crois, à Tolède, non ? Je sais plus, mais juste une fois. Moi les premiers que j'ai faits c'était à Los Angeles. Il m'est arrivé un truc incroyable. Pendant la finale du 100 mètres, j'étais dans une boutique de pompes d'enfer, une tuerie, en train de reluquer « les chaussures les plus légères du monde ». C'était écrit dessus. Sans blague. Blanches et noires. À tomber. Des plumes d'ange. Je me souviens – ça, tu vois je m'en souviens bien – dans la boutique, tout le monde regardait la finale du 100 mètres à la télé. J'ai oublié le nom du favori. Boris Johnson, un truc comme ça. Tous les vendeurs et les clients étaient agglutinés devant le poste. Ils gueulaient « USA, USA, USA ». Et moi, avec ma petite idée dans la tête, je pensais « ouais c'est ça, ouais c'est ça, ouais c'est ça » et je faisais des allers et retours, l'air de rien, comme un type qui marche un peu dans la boutique pour s'assurer que c'est la bonne pointure, que tout coulisse. Et j'attendais tranquillement que, dans le stade, les étalons se calent dans leurs démarreurs.
Quand j'ai entendu le coup de révolver du starter, j'ai su que j'avais au mieux dix secondes pour tailler la route et sauver ma vie avec « *the lightest shoes in the world* » aux pieds. Tu vas rire mais quand Johnson a passé la ligne, j'étais déjà à Pasadena. Ça te dit rien

Pasadena ? Imagine. T'es à Lyon et dix secondes après t'es dans ton hôtel à Genève. Tu imagines le sprint ? Bien sûr que c'est une image, putain t'es lourd. Après toutes ces années, figure-toi que je les ai toujours ces chaussures. Immettables, bien sûr. Mais avec elles, sur 100 mètres, voire même sur 200, je prends Johnson et tous les autres, un par un ou tous ensemble.
À propos de pompes, j'en ai une bien bonne, toujours pendant les JO de Los Angeles. Je sais plus qui me demande d'écrire un truc sur les chaussures d'Owens le sprinter qui a gagné aux Jeux de Berlin. Tu vois qui je veux dire ? Un gars sympathique qui ressemble vraiment à son père. Ça t'aide pas trop ? Bon le type me dit de faire un truc dans le genre « ces pointes qui ont humilié Hilter ». Il disait toujours Hilter. Hitler, il pouvait pas. Y a des gars comme ça qui peuvent pas. Pourquoi ? Va savoir. En tout cas je me renseigne et je découvre que ces souliers à clous se trouvent dans un conservatoire situé quasiment à la frontière du Mexique. Bien sûr que c'est une image encore. Parfois, t'es lourd, mais lourd. Donc, je me dis pas question que j'use mes *lightest shoes* à traverser la ville pour aller regarder ça dans un globe de verre. Alors je me renseigne pour savoir à quoi elles ressemblent. En cuir, OK. Je chope des photos et là, surprise, on dirait vraiment des Camper première génération, tu vois le genre, auxquels on aurait vissé des clous de charpentier sous les semelles. Mais bien sûr qu'on peut visser des clous. Je sais pas, mais on peut. Ça y est tu m'as fait perdre le fil avec tes conneries. Je parlais de quoi ? De Berlin ? Des JO de Berlin ? Mais j'ai jamais fait Berlin, j'étais pas né, t'es malade ou quoi ? Ah oui, les chaussures à

Hitler. OK. Donc j'écris un truc d'enfer. On aurait dit que je les avais aux pieds les pointes d'Owens. Juste en lisant tu pouvais sentir l'odeur du vieux cuir et entendre le bruit de la cendrée perforée à chaque foulée. Non y avait pas de tartan à l'époque, c'était de la cendrée. T'es vraiment chiant comme mec. Enfin, voilà le texte livré façon paquet cadeau. Du sur-mesure. Écrit avec le plus *lightest* stylo du monde. Et l'autre qui lit ça. Et qui m'appelle. Et qui me demande où j'ai vu les fameuses groles. Et moi, facile, je lui fais au talent, décrivant l'endroit, le globe, les lumières, les rondes des gardes-frontières partout. Et là, il me dit : « T'as de putains de bons yeux. Les chaussures elles sont exposées au musée de Lausanne. » Pour moi, Los Angeles c'était fini.

Bien des années plus tard, Atlanta. Et là, crois-le ou pas, c'est le trou noir. Rien, pas un souvenir de sport. Pas de souvenirs du tout. Zéro course, zéro saut, zéro lancer, zéro rien. Jamais vu le stade. L'histoire de l'attentat, oui, je sais. Mais figure-toi que je peux même pas t'en parler. Pourtant je pionçais dans un hôtel à côté de l'endroit de l'explosion mais j'ai rien entendu tellement je dormais. Autre truc bizarre, un soir, je me suis retrouvé dans un hôtel miteux du quartier français de La Nouvelle-Orléans, à six cents kilomètres des pistes des « *citius-altius-fortius* ». Quoi, je fais pas le malin, c'est du latin sportif. Ça te ferait pas de mal de lire un peu. Où j'en étais ? Oui, le truc c'est que je me souviens même pas pourquoi je suis allé là-bas, et pire, je me souviens encore moins comment j'en suis revenu. Tu veux savoir les raisons qui font que je vais aux JO si j'aime pas le sport ? Ça c'est une vraie question. Et là encore, figure-toi que j'ai oublié la réponse.

D'un autre côté le sport c'est quand même chelou. Mais si. Prends le saut en hauteur. Les types, ils passent un quart de leur vie à s'exercer à passer par-dessus une barre. En soi, t'es d'accord, ça fait peur. Ensuite ils se départagent sur quelques centimètres et si tout va bien, mais alors vraiment bien, tous les quatre ans, ils ont leur photo en petit dans le journal. Tu me suis ? OK. Maintenant, Mr-Sport-je-sais-tout, cite-moi des noms de champions de saut en hauteur. Ça rigole moins là. Moi j'en connais qu'un seul, Fosbury. Et tu sais pourquoi ? Parce qu'un jour, il a fait son truc à l'envers. Un saut à l'envers, un point c'est tout. Tu te souviens de l'altitude de la barre ? Personne s'en souvient, même pas moi.
Tu sais, quand tout à l'heure je t'ai dit que je n'oubliais rien des JO, c'étaient des conneries. Toutes ces histoires m'ont filé entre les doigts, comme tout le reste. J'ai une mémoire de flanelle, trouée de partout. Mais tu vois, c'est drôle, en parlant de tout ça, il y a quand même un truc qui me revient à propos d'Atlanta. Le soir de la cérémonie d'ouverture, j'étais dans ma voiture, garée en ville. En face de moi il y avait un truc que j'avais jamais vu ailleurs, un grand panneau lumineux qui affichait en temps réel les naissances et les morts déclarées dans toute la ville. Juste ces chiffres qui tournaient. Au même moment le monde entier avait les yeux rivés sur le vieux boxeur qui essayait d'allumer la flamme dans le stade olympique. Alors je me souviens que j'ai pensé : à cette heure-ci je suis sans doute le seul type sur cette terre à pouvoir assister à un match incroyable, un match où la vie et la mort s'affrontent en direct. Tu vois, ça, par exemple, je l'ai

pas oublié. Va savoir pourquoi. Ensuite, je me suis mis à écrire quelque chose là-dessus. Un truc triste pour un soir de fête. Mais franchement, je sais plus trop quoi. Avant que tu partes, je vais te raconter mes derniers Jeux, en Australie. Tu te souviens de l'Australie ? Pour moi ce sont les plus beaux Jeux de tous. D'une certaine façon je les attendais depuis l'enfance. Tu as le droit de ne pas me croire. En tout cas, on va évacuer le sujet tout de suite, question sport, c'est le néant. Pas vu une course, aucun souvenir, et on s'en fout d'une force. Sérieux, ça m'intéresse pas de parler de ça. Maintenant je vais te dire pourquoi, à l'époque, j'ai fait un Toulouse-Paris, un Paris-Bangkok et un Bangkok-Sydney avant de regagner un hôtel au petit matin, au volant d'une putain de Vauxhall à conduite à droite. Pour les kangourous. J'ai fait ce voyage uniquement pour voir des kangourous. Pourquoi je suis dingue ? Pourquoi tu dis ça ? Vas-y, développe. T'as déjà vu des kangourous toi ? T'as des millions de types qui vont venir à Paris pour grimper sur la tour en tôle, s'acheter des souvenirs en boîte et regarder des pharmaciens en slip et débardeur lancer des plaques d'égout. Moi, tu vois, je voulais juste voir des kangourous, en Australie. Des kangourous avec leurs petits, pépouzes, dans la poche. D'ailleurs, comme je sais que j'oublie tout, et pour ne jamais risquer de ne pas me souvenir de ces moments, j'ai gardé dans ce petit cahier ce que j'avais écrit à l'époque à leur sujet. Je vais te le lire, c'est court, t'en fais pas.
« Au bord d'un chemin de terre que les gens d'ici appelaient Glaynar Road, pour la première fois il vit un troupeau de kangourous. Fasciné, aspiré dans ce

vortex du monde qui lui sembla parfait, il contempla ces animaux jusqu'à la nuit, jusqu'à ce que pareils à des ombres qui n'avaient jamais voulu bouleverser le monde ni l'encombrer de leur présence, ils se fondent dans la brume et, un à un, disparaissent dans la forêt. » Quoi ? Tu vois pas le rapport avec les Jeux olympiques ? Écoute, ça m'a fait plaisir de te rencontrer et si on ne se revoit pas, bonne continuation.

Un amour de Finn

Erik Orsenna

Je me souviens que nous avons, tous et toutes, nos Jeux à nous, nos excellences inavouées, nos ambitions secrètes, nos hiérarchies particulières, nos importances intimes, notre mythologie singulière, nos rêves de médailles d'or, notre minute de gloire enchantée par notre hymne national.
En cette année 1965, je passais tous mes temps libres sur un petit dériveur nommé *Yole OK*, cadeau de mes parents pour mon baccalauréat. L'été, autour de l'île de Bréhat. Les trois autres saisons, sur la Seine. Un jour, le président de mon Yacht Club de Villennes me montra une épave, la taille juste au-dessus de ma yole, pourrissant lentement au fond d'un hangar. C'est un Finn, me renseigna le président, en me toisant, de haut en bas. « Tu es bien léger pour cette bête de course, mon garçon ! Pour la maîtriser, il vaudrait mieux que tu t'approches du double mètre et dépasses le quintal. Mais si elle t'intéresse, elle est à toi, tu nous en débarrasseras. »
L'après-midi même, je le remorquai tant bien que mal derrière une autre épave, mon immémoriale 4 L. C'est ainsi que commença mon aventure avec ce bateau et avec ses frères successifs (moins délabrés) : de toutes mes passions la plus durable car elle n'a pas tiédi, six décennies plus tard.

Ah, le Finn ! Amour de ma vie ! 4 m 50 de long, large (au maximum) de 1 m 50, pesant 120 kg minimum et doté d'une (très) grand-voile de 10 mètres carrés.
Il naît d'un concours organisé en 1949 par la fédération danoise pour choisir le nouveau dériveur en solitaire appelé à concourir aux JO d'Helsinski de 1952. C'est le projet d'un certain Rickard Sarby qui est retenu. Ce Suédois, coiffeur de profession, également éducateur d'enfants handicapés, est un régatier de grand niveau (médaillé olympique), par ailleurs designer naval, principalement de canoës.
Premier héros : Pol Elvström.
Ce Danois (soyons clair : un dieu pour moi) vient de remporter sa première médaille d'or sur un Firefly quand il achète, en 1949, l'un des premiers Finn et ne cesse de l'améliorer. Notamment en allongeant sa barre d'écoute et surtout, en rabotant le mât (de bois) pour lui donner de la souplesse (une technique brutale que j'utiliserai moi aussi, bien plus tard, avec pour conséquence l'annulation de mon contrat d'assurance, suite à deux ruptures...).
Par ailleurs, le roi Pol s'entraîne tous les jours et pas seulement sur mer, se forgeant une musculature d'enfer par diverses tortures quotidiennes, dont la prise de tous ses repas en position de rappel (ayant appris ces exercices, je m'empressai bien sûr de les imiter, avec pour seul bénéfice des inflammations lombaires qui, cinquante ans plus tard, ne me lâchent toujours pas : on ne change pas en athlète un petit mec de 1 m 73 !). Résultat pour le grand Pol : trois autres médailles d'or (1952, 1956, 1960).
D'autres héros se succédèrent. Tous les quatre ans, je suivais passionnément leurs aventures, d'autant qu'elles se mêlaient souvent à la Grande Histoire.

Ainsi en 1964, c'est Willy Kuhweide qui triomphe à Tokyo. Il devance non seulement ses concurrents mais... la réunification de son pays déchiré par la guerre. En effet, il représente l'Ouest et l'Est, les deux Allemagne. Autre intérêt pour moi : ce Willy n'était pas un géant. Ne pesant « que » 88 kg, il améliorait son rappel en portant de gros pulls qu'il plongeait régulièrement dans la mer. Et que dire de Serge Maury, médaille d'or française en 1972 ? J'avais sa photo en pleine action sur un mur de ma chambre d'étudiant. Rien de tel qu'un petit coup d'œil à son bateau, grand largue au planning, pour supporter mes cours de maths à la London School of Economics.

Chacun des vainqueurs avait son roman personnel, chacune des régates sa leçon de tactique. Inépuisables sujets d'étude, et d'imitations pitoyables !

Et puis vint Russell Coutts, le Néo-Zélandais de génie. 1984, je suis à l'Élysée, conseiller culturel du président François Mitterrand, et les Jeux se déroulent aux États-Unis, à Long Beach (Californie) pour la voile. Durant les régates, les affaires de la France peuvent attendre ! Je me rappelle avoir évité toute autre occupation pour suivre les courses, et surtout la dernière, au départ de laquelle, par vent plutôt léger, trois barreurs peuvent encore gagner. Le Kiwi l'emporte, d'un rien. Sa légende commence.

Le Finn est la meilleure des écoles. Toutes les équipes de la Coupe America vont y puiser leurs barreurs. Embauché par les meilleures équipes, Coutts remportera le plus prestigieux des trophées nautiques à cinq reprises. En 1995, il aura pour capitaine une autre légende vivante, Peter Blake, lui aussi vainqueur

d'innombrables autres courses autour du monde, lui aussi néo-zélandais. Blake mourra le 5 décembre 2001, assassiné par des pirates dans l'estuaire de l'Amazone. Mais son bateau *Seamaster* lui survivra. Rebaptisé *Antarctica*, il portera Jean-Louis Étienne dans nombre de ses explorations, avant, devenu *Tara*, de poursuivre de très fertiles missions scientifiques pour la fondation du même nom dirigée par Romain Troublé.
Ainsi, et pardon si j'oublie les autres champions (dont, avouons-le, une majorité d'Anglais), ainsi se croisent les routes, les bateaux, les marins et leurs rêves. Ainsi, avec ou sans médailles, se nourrissent l'une l'autre les Odyssées. Au commencement de beaucoup étant le Finn (je sais, je sais, je suis de total parti pris).
Aujourd'hui, pour toutes sortes de raisons aussi légitimes que vulgaires, le Finn a été chassé des rendez-vous olympiques. Qu'importe ! Nous sommes quelques-uns, de toutes générations, avouons-le en majorité perclus d'arthrose, à poursuivre nos Jeux à nous. L'olympisme est une affaire trop grave, et nécessaire, pour le laisser aux professionnels de l'effort !
Si par hasard il vous arrive de longer la plus belle côte du monde (celle de la Bretagne nord) et de croiser, au large de l'île de Bréhat, un vieil homme tâchant de garder plat sur l'eau un noble petit navire trop toilé pour lui, inutile de lui demander ses papiers, ce sera votre serviteur. Souvent rejoint, dans un bateau semblable, par un certain Christian, encore plus chenu : tous deux fous de Finn depuis un demi-siècle. Et voici qu'un troisième dériveur semblable se présente, une antiquité en bois moulé : c'est celui de mon fils, Sébastien. Nos Olympiades à nous peuvent commencer.

Pardon aux Rodin et autres Giacometti de terre ferme, mais il m'a toujours semblé que la sculpture n'est rien, même la plus haute, comparée à l'art dont il faut faire preuve pour ajuster une voile à un mât et ses creux à la force du vent. Quant à cette allure qu'on appelle « le largue », se faire porter par la même vague deux ou trois milles nautiques durant, quel bonheur est comparable ?

Je regarde toujours les cuisses des hommes

Maria Larrea

Je me souviens. Été 1992. J'ai treize ans et je regarde les Jeux olympiques de Barcelone à la télé. J'ai treize ans, je suis en grandes vacances en Espagne avec mes parents, nous sommes une famille d'immigrés de Bilbao, ville où nous passons chaque mois de juillet. C'est l'été à la ville avec les autres enfants du quartier, les premiers baisers dans les terrains vagues et la torpeur de l'après-midi, dans l'ombre rafraîchissante des appartements, volets fermés, devant la télévision.

Je ne sais pas ce que c'est que de vivre sans la télé allumée. Mes parents la regardaient en permanence. L'écoutaient. Ne regardaient plus mais elle restait allumée. Ils ne savaient pas vivre sans et ils avaient inoculé en moi l'addiction à cet écran. *Télématin*, soap-opéras, météo, journal télévisé, séries américaines multi-rediffusées, jeux pour vieux, météo, les films et le sport. J'avais pris le pli, j'étais moi-même un animal au regard toujours attiré par les couleurs vives et brillantes du divertissement. Mon père était le chef suprême de la télécommande, toujours posée à côté de son cendrier, souvent recouverte de cendres, on y trouvait même quelques brins de tabac, coincés entre les touches.

Il était le leader dans le choix des programmes, qu'il commentait plus ou moins violemment. Tout dépendait du contenu et surtout de son alcoolémie. Les gens dans le téléviseur nous tenaient compagnie. À l'adolescence, j'avais une préférence pour les fictions avec de jeunes riches Anglo-saxons en bord de mer qui vivent des histoires de lycée et d'amour. Mon père, lui, sa préférence, c'était le sport. Le football, le tennis, le cyclisme, la boxe, l'athlétisme. C'est ainsi que j'ai commencé à regarder les compétitions, les tournois, avec une nette préférence pour les Coupes du monde de football, Roland-Garros (je rêvais d'être la nouvelle Arantxa Sánchez sans avoir jamais touché une raquette) et l'athlétisme.

Je voulais être une athlète.

Je m'étais inscrite à l'association sportive du collège, section-athlétisme, pour un garçon. J'avais le béguin pour un beau jeune homme aux cheveux longs, grand spécialiste du saut en hauteur, il maîtrisait le fosbury avec un sourire en coin. J'enfilais donc mes chaussures à pointes chaque mercredi au stade et m'époumonais sur la piste pour pouvoir reluquer un garçon. En short. C'est assez court, les shorts d'athlètes. Je comprends maintenant d'où vient ma passion pour les cuisses masculines. Voici, grâce au Larousse, les termes scientifiques décrivant la source de mes premiers émois.

« Les muscles de la cuisse sont, dans la partie antérieure, le quadriceps, le tenseur du fascia lata et le couturier ; dans la partie postérieure, le biceps crural, les trois adducteurs de la cuisse ainsi que le droit interne, le pectiné, le demi-tendineux et le demi-membraneux. »

Je tripais sur des adducteurs et des quadriceps donc, tout en musclant les miens chaque semaine. Adolescente sportive et midinette, j'aimais le 100 mètres haies pour la drôlerie des jambes qui partent dans tous les

sens, course qui me rappelait le saut de poteaux dans les rues de Paris. Le lancer de poids qui me donnait l'impression d'être en Grèce antique. Mais ma discipline préférée restait le saut en longueur.
Concernant mon père, sa pratique sportive n'existait que par procuration. Il avait un ventre démesuré de buveur de bière, physique de lymphatique alcoolique, et il était incapable de courir, rapport aux trois paquets de Camel sans filtre qu'il consommait chaque jour.
Cet été-là, vissés dans le canapé des congés payés et des grandes vacances, nous allions frémir ensemble en regardant les différentes compétitions des Jeux olympiques.
Cérémonie d'ouverture. Je l'avais supplié pour la regarder, ça ne l'intéressait pas ce côté fête foraine. La musique espagnole aux cuivres ardents accompagne les danseurs qui écrivent HOLA avec leurs jupes démesurées de couleur rouge et jaune, virevoltant dans le stade, émotion dans les gradins, musiciens habillés en imprimé léopard façon Dal*í*, et puis, les rois d'Espagne, les majestés, sur des trônes. Mon père commence à insulter la royauté et la musique patriotique : « Ce spectacle n'a rien à voir avec les Jeux, si je voulais voir des clowns je serais allé au cirque, *joder* ! »
Je me souviendrai toujours de la phrase qu'il me répétait. Mon père n'attendait que lui : « Carl Lewis, c'est l'homme le plus rapide du monde. » Je crois qu'il était amoureux de lui. Mon père vibrait à chacune de ses apparitions, un arc humain élancé vers le dépassement. Car Lewis, l'homme aux médailles d'or, avait un physique à faire pâlir le mont Olympe. Et un sourire irrésistible.

5 et 6 août 1992. Le saut en longueur. « Ça va être très intéressant. Carl Lewis et Mike Powell ! Ce sont leurs retrouvailles, après le Championnat du monde disputé un an plus tôt à Tokyo. »
Mike Powell s'élance, il court. « L'année dernière, il a battu le record du monde, 8 m 95. Je pense que Carl va le battre aujourd'hui. Ici en Espagne. *Puede.* C'est un homme-oiseau Carl Lewis. »
Course d'élan, impulsion, envol, réception. Six essais. Courir. Se lancer dans le vide. Contrer la gravité. Courir dans les airs. Aller le plus loin possible. Mordre la poussière. Je crois que le saut en longueur c'est la vie. Mon père et l'homme le plus rapide du monde. Sur l'échiquier mondial, Carl et Julian étaient diamétralement opposés. Deux silhouettes, deux couleurs, deux nations, deux destins. Un stade, un canapé. Des vitamines, des Camel sans filtre.
Que se passe-t-il dans la tête et le cœur de mon père quand il regarde Carl courir ? Il voit un héros. Un dieu au marbre antique qui prend vie, muscles tendus vers la conquête de la vitesse. Mon père n'aime personne et pourtant. Je suis bouleversée par ce père presque fossilisé par sa vie d'ouvrier, celui qui ne se laisse pas attendrir par la fiction, mais s'arrête de respirer quand un autre homme donne l'impulsion avec son pied pour s'envoler dans les airs. Carl Lewis dans le regard de mon père. Les autres athlètes ces deux journées d'août 1992 sont des figurants, 7 m 87, 7 m 98, 8 m 04.
Carl a déjà gagné dès le premier essai : 8 m 67. Mike Powell va tenter de le rattraper, jusqu'au dernier saut, 8 m 64. Presque. La médaille d'or va ceindre de nouveau le cou de l'homme le plus rapide du monde. Le

stade exulte. Mon père sourit. Il le savait, dit-il. Les deux adversaires s'enlacent, sous un seul drapeau, USA, celui de l'Amérique triomphante de la guerre du Golfe et de MTV. Un câlin entre deux hommes. Je pense que mon père aussi aimerait faire un câlin à Carl Lewis. Et je le vois bien, amenant Mike Powell au bistrot pour lui demander : « Tu préfères un record du monde ou une médaille d'or ? Ou les deux ? Il faut choisir. » Il aimait bien jouer à ce jeu des préférences, tu préfères ton père ou ta mère ? Manger ceci ou cela ? (Il inventait des choses ignobles à manger que je tairai ici.)

Barcelona ! Barcelona ! Je fredonne, je chante, enfin je hurle la chanson de Freddie Mercury et Montserrat Caballé, en me remémorant aujourd'hui cet été 1992. Freddie Mercury meurt du sida neuf mois avant l'ouverture des Jeux. Il ne montera pas sur scène avec la chanson qu'il a écrite pour la cérémonie.

« *Por ti seré gaviota de tu bella mar.* »

« Pour toi je serai mouette de ta mer si belle », chantent en chœur Freddie et Montserrat.

Loin de Barcelone et de la mer Méditerranée, je me souviens que je regardais mon père qui regardait Carl Lewis. Je regardais mon père qui était heureux. Je regardais mon père et il disait : « *Carl Lewis es el hombre el mas rápido del mundo. Car Lewis es el hombre-pájaro.* »

L'homme assis est rassuré par l'homme-oiseau. Je n'ai jamais embrassé le garçon du stade et je regarde toujours les cuisses des hommes.

Un coup de trop

PAUL FOURNEL

Je me souviens du pentathlon moderne de Mexico. Pourquoi me suis-je intéressé, en cet automne 1968, à Hans-Gunnar Liljenwall ? Nous sortions d'un printemps agité, je préparais un concours difficile qui avait été repoussé à novembre et, pour m'accorder de petites récrés, je suivais les JO de Mexico-City. J'épluchais les journaux, je regardais la télé, j'écoutais les radios. Deux mois plus tôt, le Tour de France avait été un peu triste et s'était fini par la victoire étroite de Jan Janssen. Il me restait les JO pour me consoler.

Je n'ai aucune passion pour le pentathlon moderne, cette série de cinq épreuves inventée par le baron de Coubertin lui-même, sur un mode vaguement militaire et qui combine l'escrime, la natation, l'équitation, le tir au pistolet et la course à pied, tout cela dans un ordre et selon des contraintes qui n'ont pas cessé de changer. Je le suivais pourtant, comme je suivais le reste.

Hans-Gunnar, le Suédois, était un pentathlonien modeste mais expérimenté qui avait déjà participé aux JO et qui était un membre solide de sa délégation, en individuel comme par équipe.

J'imagine le choc qu'a été son arrivée à Mexico en provenance de sa paisible petite bourgade de Jönköping.

La chaleur, le bruit, l'altitude, l'énormité de la mégalopole, l'atmosphère si particulière, faite d'agitation frénétique et d'immobilité quasi minérale : des gens qui courent en tous sens et d'autres qui attendent interminablement, leur visage indien fermé, leur regard perdu loin du monde.

Pour se détendre avant l'épreuve de tir au pistolet, Hans-Gunnar a eu l'idée de flâner un moment, loin des autres et des épreuves à venir, sur le Zocalo, cette place immense qui sert de cœur à la ville. Il flâne sans autre but que celui de ne penser à rien et de se concentrer en secret. Il aurait dû prendre un chapeau, il transpire et il sent la brûlure du soleil sur son crâne. Il s'arrête un instant sur la place. Une Indienne, assise par terre en tailleur, vêtue de couleurs vives, les cheveux tirés en bandeaux noirs, le regarde avec insistance. Sans doute est-il trop blanc, trop blond, trop différent. Il a du mal à détacher son regard et, soudain, il a peur.

Il a peur de tout, peur d'être ailleurs, peur de la solitude, peur de mal tirer, ou plutôt peur de ne plus avoir envie de tirer au pistolet. Quel sens cela a-t-il de tirer au pistolet, de monter sur un cheval inconnu ? De nager, de courir ?

Que pèse un rêve de médaille dans la vraie vie ? Cela vaut-il ces cinq interminables journées d'épreuves ?

Il s'essuie le front et la nuque. Il lui reste deux heures avant l'épreuve de tir et il tremble. Il tend le bras pour voir et il voit. Jamais il ne pourra tenir son arme. Il n'aura même pas la force de la soulever. Pourra-t-il seulement abaisser la paupière gauche pour viser de l'œil droit ? À l'instant, il en doute. Il voudrait un avion pour rentrer, pour aller dans son lit, pour dormir, pour oublier l'athlète qu'il a été. Pour que cette Indienne cesse de le regarder trembler.

Il avise un hôtel dont la double porte est ouverte sur un trou noir qui lui semble un havre. Il entre et se laisse tomber dans le premier fauteuil. Il voudrait s'y enfoncer encore davantage et disparaître pour toujours entre les coussins de vieux cuir fatigué. Il tremble maintenant de la tête aux pieds et ferme les yeux pour ne plus rien voir. Un frisson le parcourt. Il a presque froid dans l'ombre fraîche.

Un garçon s'approche et le tire de sa léthargie.

– Signor ?

Machinalement il répond :

– Cerveza.

On lui apporte une bière froide et, dès la première gorgée, il se sent mieux. Il retrouve un goût habituel qui le rassure. Il finit le reste de son verre d'un trait et se redresse. Cela va aller. Le coup de stress est passé. Il va redevenir ce qu'il est.

Le garçon lui apporte une deuxième bière qu'il boit lentement, reconstruisant mentalement tous les gestes qu'il va devoir faire, révisant ses routines, rassemblant toute son énergie mentale et tout son potentiel physique. Il tend le bras qui ne tremble plus. Il va pouvoir tirer comme il sait tirer. Peut-être mieux même, se promet-il. Il va pouvoir remonter le pistolet au bout de son bras jusqu'à sa ligne de mire et presser la détente entre deux battements apaisés de son cœur.

Il regarde sa montre. Il a juste le temps de regagner sa base, et de rejoindre son équipe pour aller sur le pas de tir. Il y va au bon rythme.

L'épreuve commence. Il a oublié où il était, il a oublié Mexico-City, il a oublié l'Indienne et les JO pour se retrouver là où est son véritable chez lui d'athlète, debout face à la cible, le pistolet levé. Il tire.
Il tire bien. Ses équipiers aussi. S'ils restent à ce niveau, ils sont en course pour une médaille. Il sait maintenant que jusqu'au bout il ne perdra plus sa concentration, il fera ses assauts d'épée, il nagera, il dominera son cheval inconnu et il ira jusqu'au bout des 2 500 mètres de la course à pied. C'est sa vocation olympique et il est prêt pour cette gloire-là.
L'épreuve est longue et, lorsqu'elle se termine enfin, il ressent d'un coup la chaleur. Un bénévole en uniforme signé des anneaux olympiques les entraîne tous vers un bâtiment où des médecins les attendent. Ils doivent uriner pour des nouveaux contrôles organisés pour la première fois cette année, une cinquantaine de tests par jour, pour les six premiers dans certaines épreuves seulement. Il s'isole et se bénit d'avoir bu ces deux bières, sinon avec la chaleur ambiante il n'aurait pas grand-chose à pisser.
Lorsque la chose est faite, il retrouve son équipe et ils repartent ensemble préparer leur épreuve d'escrime du lendemain matin.
Dans la suite des épreuves, la dynamique de l'équipe reste bonne. Tout n'est pas parfait parce que le cheval de Hans-Gunnar se montre un peu rétif, mais le résultat d'ensemble est là. Ce ne sera pas de l'or, ce ne sera pas de l'argent, mais du bronze dont tout le monde se réjouit au terme des épuisants 2 500 derniers mètres. On se serre un peu sur le podium, on fait mine de mordre dans la médaille, on sourit pour

les flashs, on téléphone à la famille et on se prépare à suivre le spectacle des Jeux dans les tribunes du stade. Et du spectacle, Tommie Smith et John Carlos allaient s'occuper d'en donner avec leurs deux poings gantés de noir levés vers le ciel !

C'est pendant une des épreuves d'athlétisme que le chef de la délégation suédoise vint apprendre à Hans-Gunnar qu'il était attendu chez les officiels du CIO.

Il se rendit séance tenante dans un bureau où on lui annonça qu'il avait été testé positif au contrôle anti-dopage. On lui montra des analyses selon lesquelles il avait des traces d'alcool dans ses urines. Mes deux bières, pensa-t-il aussitôt.

On lui signifia qu'il était donc disqualifié et que sa disqualification entraînait celle de ses équipiers, et qu'en conséquence la délégation suédoise de pentathlon moderne devait rendre sa médaille de bronze. Il tomba des nues. Mortifié plus encore pour ses camarades que pour lui-même. Il demanda des précisions pour mieux comprendre ce qui lui arrivait. On l'assura qu'au total six cent soixante-sept athlètes olympiques avaient été contrôlés et qu'il était le seul positif.

Hans-Gunnar fut donc le premier d'une liste qui allait devenir interminable d'athlètes convaincus de dopage.

Cela fit un entrefilet dans le journal du lendemain, mais l'empreinte de Hans-Gunnar sur les Jeux olympiques fut indélébile. Elle n'était pas en or.

Entre calme et effervescence

BERNARD CHAMBAZ

Je me souviens que *L'Orgue du stade* trônait dans la bibliothèque de mes grands-parents à la campagne ou, plutôt, c'est moi qui lui fis un trône à cause de son titre, pour le seul mot de *stade*, je me souviens ou je crois me souvenir que sa couverture d'un bleu profond avait des rabats, je me souviens que c'était l'été de mes onze ans, l'été de mes premiers Jeux olympiques, à Rome, où nous allions apprendre à lire autant qu'à vivre entre les pages roses du Larousse, je me souviens de la distance infime entre les pages du livre et le pré où j'allais aussitôt courir, je me souviens d'un vague sentiment d'identification aussi étrange qu'irrépressible et du soleil qui régnait sans trop de partage, je me souviens que je disputais donc dans le même temps ces Jeux de Rome et les Jeux de Paris qui formaient la trame du livre, je me souviens qu'en 1924 il y eut également les premiers Jeux olympiques d'hiver à Chamonix et le transfert des cendres de Jaurès au Panthéon, je crois me souvenir encore que *L'Orgue du stade* était rangé à côté d'un plat ovale en céramique. Je l'ai relu il y a une dizaine d'années et, si je ne me souvenais évidemment pas qu'il commençait par un souvenir de haute enfance qui évoquait Sœur Antoinette lui parlant « de la mort avec lyrisme et minutie » ni qu'il tressait d'emblée « une couronne au souvenir » d'un coureur anglais de demi-fond détenteur du record du monde en 1830, des lauriers qui n'auront pas réussi à le sauver de l'oubli, j'en ai été touché et j'ai retrouvé à l'instant le fond de l'air qui m'avait enivré et ébloui.

On s'interroge parfois sur le pouvoir des livres ou la puissance de la littérature. André Obey, le premier, a su nous émouvoir sans ambages, nous faire rêver et nous mettre en action, avec ce motif d'un stade qui condensait le cœur du monde. Et le stade, je le connaissais, aussi bien celui de Colombes où s'étaient disputés ces Jeux olympiques, où j'avais vu, enfin, aperçu, six mois auparavant un match international de football, que le stade municipal du village avec sa haie de peupliers et sa coquette tribune en bois.

Tout commençait, tout commence toujours, sur les chapeaux de roues. À onze ans, qu'est-ce que je pouvais comprendre à Sœur Antoinette, à Leibnitz et à Poincaré convoqués pour un petit tour de piste en prélude aux champions ? Rien – et pourtant. Qu'est-ce que je pouvais comprendre à des souvenirs d'école équivalents aux robinets qui coulent et aux baignoires qui se remplissent, à ce bonheur reconstitué d'une « certitude arithmétique, à l'abri des nombres, en ce crépuscule où aboyaient vainement les chiens de mer du vent d'ouest » ? Tout – et pourtant, je passais alors à côté. Comme je passais à côté du contexte de l'époque, le début de l'entre-deux-guerres, plombée par le poids du premier conflit mondial et la mémoire des tranchées, malgré l'allant et les faux-semblants des Années folles. Avant même le récit de ces Jeux olympiques de 1924, nous sommes au stade en présence de ce qui nous ravit ; des mots propices à l'imagination : course, gradins, chronomètre au 1/10 de seconde, géométrie des lignes, cendrée réputée pour être plus rapide que l'herbe, temple, sprint, haut-parleur ; des listes de noms d'athlètes et de records susceptibles d'accompagner voire de remplacer une liste des dates de batailles, Bouvines, Marignan, Eylau ; des portraits de champions joliment brossés, en premier lieu le *sprinter* Paddock, un Paddock tranquille et radieux, « Il part – il gagne – il rit », en second lieu le *miler* Nurmi, un Nurmi qui ne rit pas et « n'a pas un coup d'œil vers la foule où son passage embrase une rumeur de triomphe ». Nous sommes encore au stade, à Saint-Cloud, pour un meeting d'athlétisme où Joseph Guillemot, qui mesurait 1 m 60 et avait appris à courir dans le 16e bataillon de chasseurs à pied, s'attaque au record du 3 000 mètres qui appartient à Jean Bouin, fauché à vingt-cinq ans par des éclats d'obus ; le soir venu, le vivant court après l'ombre du mort, sinon contre elle, une course indécise car comme le dit un titi parisien « le mort court vite », mais à la fin c'est le vivant qui l'emporte. Nous le sommes aussi, en quelque sorte, au bord d'un lac du Tyrol quand André Obey décrit de l'intérieur le 400 mètres qu'il veut courir en 52 secondes, et il faut bien reconnaître que c'est un beau temps, une distance qu'il dissèque avec une rigoureuse justesse et qu'il conclut magnifiquement « J'appelle ça vivre ». Et nous le sommes toujours à quelques pas des vieux stades éternels avec leurs rangées de cyprès et leurs starting-blocks de marbre, à Olympie, à Delphes, à Épidaure. Ce que j'aime aussi, dans ce livre comme dans la vie, c'est aller au stade. Sans même considérer, ce serait une autre histoire, la même histoire en amont, le compte à rebours avant de s'y rendre, la veille, l'avant-veille, l'excitation qui vous gagne peu à peu toute la semaine avant le grand jour. Le trajet avive le désir – que ce soit en préliminaires des Jeux, l'autobus qui transporte les athlètes au stade jusqu'à une porte « bleu d'Afrique » ; le premier jour dans le tramway, « le dimanche 6 juillet, deux heures de l'après-midi », sous un ciel bleu et blanc qui sont les couleurs du Racing, et quand on descend du tram on est porté par la foule jusqu'au stade comme sur « un trottoir roulant » ; le troisième jour, au départ de la porte Champerret, pour trois francs, l'autobus comme une roulotte mélancolique en contrepoint de la vie « des ouvriers, des amoureux, des soldats, des promeneurs » indifférents à ce barnum ; l'automne qui suivit les Jeux, à la sortie du train, le long des baraques désaffectées où traînaient les oripeaux d'une fête inoubliable mais déjà oubliée car tout, dans le monde, va si vite.

Les épreuves d'athlétisme sont le pompon de l'olympisme. Il y a les courses et on ne choisit pas entre les courses de vitesse et les courses de fond, on ne choisit pas entre Paddock et Nurmi. Il y a les lancers et le discobole tient de la sculpture grecque ses lettres de noblesse, même si le vainqueur du concours s'est entraîné dans la campagne californienne en soulevant des bottes de foin. Il y a les sauts et le saut en hauteur garde une magie sans pareille. J'aurais parié que le concours du saut en hauteur s'était terminé à la nuit et qu'il avait fallu attacher un mouchoir blanc à la barre pour y voir ; j'ai relu plusieurs fois *L'Orgue du stade* pour comprendre qu'il n'en était rien, que la finale s'était terminée avant six heures, que j'avais donc confondu avec mes propres jeux quand j'attachais ce mouchoir à un fil élastique tendu entre deux pommiers. Et j'ai tremblé à nouveau devant ce concours où s'affrontent les sept finalistes, par paliers, à partir de 1 m 85 qui nous paraissent sans doute moins stupéfiants que les 2 m 30 et les 2 m 40 d'aujourd'hui, mais qui n'en sont pas moins impressionnants, et il n'en reste plus que trois à 1 m 92. Pierre Lewden est le héros du jour – il mesure 1 m 67, il est maigre comme un coucou, « il arrive pieds nus, portant sur son épaule, en bissac, deux paires de souliers à pointes noués par leurs lacets », il fait face à deux escogriffes américains, alors il fait des blagues, il ruse avec ses rivaux et avec le sautoir, André Obey se glisse en lui et le regarde, il le compare à Bonaparte et à un yogi, il fait durer la préparation du saut, il décrit les menus gestes et devine ce qu'on peut deviner du pacte intérieur entre le calme et l'effervescence, Lewden prend son élan, il rate son premier saut mais franchit la barre au deuxième essai, nous sommes maintenant devant 1 m 95 « comme au seuil d'un mystère » et soudain un avion passe dans le ciel au-dessus du stade et Lewden l'observe « et voilà c'est fini ». Il échoue. La grâce de l'apesanteur s'est dissipée. Il n'y croit plus ou il n'a plus les forces, c'est pareil. Son dernier essai est pour la forme, « le gobelet de rhum du condamné ». Après la victoire américaine, « une claironnerie de foire », c'est l'heure de la finale du 100 mètres célébrée au cinéma par *Les Chariots de feu.*

Je me souviens bien sûr que Paris accueillit les Jeux une première fois en 1900, qu'ils se confondirent avec l'Exposition universelle, qu'une vingtaine de femmes furent conviées à y participer et que le marathon fit le tour du boulevard des Maréchaux. Je me souviens que 1924 vit apparaître la devise olympique et briller l'étoile de Johnny Weissmuller, avant qu'il ne devienne Tarzan et avant que Kerouac n'écrivît en canuck « j'nâga comme Tarzan ». On devrait se souvenir de quelques détails que nous pourrions multiplier comme les pains dans les Évangiles : le refus d'inviter l'Allemagne, l'invention de compétitions artistiques, l'inauguration de la retransmission en direct à la radio, le choix de la savate et de la pelote basque en disciplines de démonstration, les bicoques en bois du premier village olympique doté quand même d'un salon de coiffure et d'un kiosque à journaux, la première médaille japonaise en bronze obtenue en lutte libre dans la catégorie des moins de 61 kg, la délégation philippine qui se résume à un seul athlète, David Nepomuceno, un marin qui servait dans la US Navy mais qui fut éliminé en séries du 100 mètres, etc., la dernière haie et le peignoir du vieux Géo André salué par André Obey. Je me souviendrai à tout jamais – et j'aimerais ne pas être le seul – que *L'Orgue du stade* est un livre pionnier écrit par un gamin de trente ans qui rédigeait des chroniques musicales et deviendra administrateur de la Comédie-Française, une série d'articles dont les traces d'emphase ne sont que les miettes d'un lyrisme de bon aloi, une sorte de portrait de groupe où on peut vérifier dans la grande tradition que « mon esprit ne va, si les jambes ne l'agitent », un hymne au sport et à la langue, et que bienheureux sera celui qui en 2024 saura trouver des accents aussi profonds pour chanter l'épanouissement des individus et pourra courir avec ses aïeux dans le fouettement furieux des ailes de l'ange.

Un modèle juif inédit

COLOMBE SCHNECK

Je me souviens qu'en septembre 1972 Mark Spitz est devenu, avec ses sept médailles d'or, le plus grand nageur de l'histoire des Jeux, et qu'il était juif, et que, du haut de mes six ans, cela n'allait pas ensemble. À six ans, je pensais qu'un homme juif était un homme comme mon père, mon oncle, mes grands-pères morts avant ma naissance, mais que j'imaginais sur le même modèle ; un homme à la chair molle qui craignait d'être constipé ou sujet aux migraines. La pratique de leur corps, tel qu'il m'était familier, se limitait à l'expérience de la maladie, le discours à celui de la plainte et à comment soigner ce corps qui fonctionnait de travers. Un corps juif était frêle, souffreteux, la peau trop claire, sans muscles, ne connaissait pas d'autres sports qu'une lente marche digestive en forêt le dimanche après-midi ou l'exploration à petits pas d'un musée ou d'une boutique de pull-overs.
Cette absence d'enveloppe était compensée par leurs cerveaux, ils lisaient des livres et racontaient des blagues. La plus effrayante étant celle rapportée un jour par mon père : « Ne penses-tu pas que le monde serait meilleur s'il n'y avait ni juif ni coiffeur ? » Je lui avais répondu : « Mais pourquoi les coiffeurs ? » Il m'avait rétorqué, souriant : « Et pourquoi les juifs ? »

J'étais une enfant qui avait parfaitement intégré les codes antisémites classiques, un juif était un être à l'anatomie dévirilisée méritant d'être exterminé. Et arrive Mark Spitz, son corps doré et victorieux de cette fin d'été 1972.

Il était donc possible d'être juif et de ne pas être comme mes parents, splendides platoniciens célébrant leur âme et méprisant leur corps, mais de s'investir entièrement dans ce corps, de le prendre, de manière nietzschéenne, pour maître ? À six ans, je n'étais pas dans ces considérations, j'étais dans un vif étonnement, une surprise mêlant le *waouh* admiratif devant ce torse lisse, bronzé, aux muscles fins, la beauté d'un visage aux cheveux bruns à peine longs, et cette moustache. Comme si mon père, arborant la même, mais qui était à l'opposé, chauve, petit ventre, peau très blanche, s'était transformé. J'ai cru ensuite que Mark Spitz pouvait triompher, car il était, en apparence, à l'opposé de mon père.

Né en Californie, après la guerre, il n'avait officiellement, et contrairement à mes parents, aucun problème avec l'Allemagne. Mon père avait scandalisé ma mère en s'offrant, comme si bafouant le passé il commettait un sacrilège, une BMW. Mark Spitz me soulageait, il n'était pas encombré comme eux par la culpabilité. J'aimais qu'apparemment rien de silencieusement explosif ne gronde en permanence en lui. Il semblait n'être ni angoissé, ni constipé, ni insomniaque, ni migraineux, ni moqueur, sans mauvais esprit, bref un modèle juif inédit.

Regarder Mark Spitz au bord de la piscine olympique de Munich, c'est d'abord voir des mouvements précis.

Boire au goulot dans une bouteille en verre marron, se lisser les moustaches des deux doigts, utiliser un peu de salive pour les peigner à nouveau, s'allonger sur le sol, tordre les jambes vers l'intérieur puis l'extérieur, marcher d'un pas souple et pourtant robuste, grimper sur le plot de départ, quasi nu sauf son petit slip de bain aux couleurs étasuniennes – il ne porte ni bonnet, ni lunettes (comment pouvait-il supporter le chlore sur les yeux ?) –, descendre sans effort les mains, les poser sur les pieds, plonger. Une photo prise sous l'eau permet de l'observer de face, ses deux mains en avant comme des crochets, les pouces très écartés en angle droit, chaque doigt solide et séparé de l'autre d'environ 8 mm, un jet d'eau en arc autour de lui l'illumine d'une auréole, une couronne de gouttelettes à l'air d'acier sort de sa bouche. Chaque geste, même le lissage de sa moustache, maîtrisé, calculé, pour atteindre le plus de puissance et donc de vitesse possible.
Lorsque, le 27 août 1972, il se tient pour la première fois sur le plot numéro quatre, réservé à celui qui a obtenu le meilleur temps des séries, et qu'il doit s'élancer pour le 200 mètres papillon, il est obsédé par une ombre qui constamment l'aspire. Quand il croit s'en débarrasser, elle le nargue, « tu n'y arriveras pas », lui rappelant comme preuve son échec quatre ans auparavant aux JO de Mexico. Il avait dix-neuf ans, détenait le record mondial dans cette discipline, et avait fini huitième et dernier, battu par son compatriote Carl Robie. Ce dernier avait levé le doigt vers lui, s'exclamant : « Désormais, c'est moi le champion américain ! »
Cette place de dernier ne disparaîtra jamais. Quand il l'évoquera, cinquante-trois ans plus tard, interrogé au

bord de cette même piscine de Munich, l'allure haute et les épaules courbées d'un homme de soixante-seize ans, il affirmera : « Ce qui s'est passé à Mexico, c'est comme si cela était arrivé il y a six heures. »
Le 27 août 1972, il sait que cette ombre peut l'empêcher de gagner à nouveau. Nos pensées noires et invisibles sont les plus destructrices, parce qu'elles sont justement cachées, on ne s'en méfie pas, on croit pouvoir faire avec, les battre sans que personne s'en aperçoive. On est le plus souvent comme Othello, le vainqueur qui donne toujours le change, montre sa force, masque sa peur qui finit par le briser. Mark Spitz n'est pas Othello à s'illusionner sur sa solidité, il observe ses tourments de face et cherche un moyen de les contourner afin de ne pas être emporté par eux. Il n'a que quelques secondes, avant le départ, sur ce plot numéro quatre, pour déplacer la pression et la peur au bon endroit, pas dans ce passé mexicain pourri, mais là où il est possible pour lui de vaincre. Il se décale, se transportant à un récent entraînement où il a atteint un record mondial, se souvient de l'échauffement qu'il a pratiqué ce jour-là, répétant les mêmes mouvements des bras et des jambes. Il n'est plus à Munich, mais dans ce lieu confortable, familier, où il est à l'aise, et il plonge et avance et bat un nouveau record mondial et gagne sa première médaille d'or individuel.
Il a commencé à nager à neuf ans à Sacramento, la capitale de l'État de Californie, la ville de la ruée vers l'or et du rêve américain, libéral, sportif, ensoleillé. Ses parents l'ont envoyé dans un camp d'été où il y avait une piscine. À la fin des vacances, l'entraîneur a proposé à son père de le garder dans son club privé,

un club chic, un club comme il en existait dans les années 1950 où les juifs comme les Noirs n'étaient pas acceptés. Son père s'est inquiété, l'entraîneur lui a répondu : « Il nage, le reste je m'en fiche. » À la fin de l'année, à onze ans, il battait tous les jeunes en club de la région. Il a été décidé qu'il serait un champion. Ses parents ont déménagé pour qu'il entre au club de Santa Clara dirigé par un entraîneur d'envergure olympique. Son père lui répétait des mantras américains, « être premier », « être un champion », et son fils l'écoutait.

Johnny Weissmuller dans *L'Art de nager le crawl* explique qu'un bon nageur est celui qui sait retenir l'eau, qui est capable de sentir sa densité, sa fluidité, de l'attraper avec les doigts pour s'y appuyer. D'instinct, Spitz sait toucher l'eau, le reste il l'apprend. Il obéit à son entraîneur, six heures par jour. Les heures dans un bassin sont longues, répétitives, le même paysage, le fond en carrelage, après Santa Clara, après Mexico, ce sera la piscine de l'université d'Indiana. Mark Spitz est un garçon sage, il cherche juste un truc minuscule où il serait libre, où il ferait ce qu'il a envie de faire, où il pourrait désobéir.

C'est comme ça qu'il pense à se faire pousser une moustache. En 1972, ce n'est pas à la mode, avec la barbe oui, comme celle de Barry Gibb des Bee Gees, mais la moustache non, même si Paul McCartney en porte une pour cacher une cicatrice. Son entraîneur le lui interdit, et pour cette simple raison il laisse fleurir cette moustache. C'est long, plusieurs mois avant qu'elle soit suffisamment fournie. Il pense la raser à son arrivée à Munich, il n'est pas encore recommandé

de se raser l'ensemble des poils pour éliminer toute résistance et obtenir une meilleure hydrodynamie, mais il est le seul nageur à arborer un tel attribut.
Lors de sa première conférence de presse, interrogé sur cette pilosité, il invente qu'elle permet à l'eau de glisser sur les commissures de la bouche, qu'elle accroit la fluidité de son mouvement et permet à son postérieur de monter plus haut, que c'est grâce à elle aussi qu'il a battu aux sélections américaines un nouveau record mondial. Ce n'est pas du tout prouvé, mais c'est la meilleure réponse qu'il trouve sur le moment et tout le monde le croit. Il ne se rase donc pas, fait là ce qu'il veut, et pour le reste se soumet à la victoire.
À Munich chacun de ses gestes est orchestré, même l'arrivée au bassin est mise en scène pour la télévision, il marche à une distance définie des autres équipiers, d'un bas cadencé, sauf cette douce caresse qu'il s'offre au-dessus de sa lèvre supérieure.
En sept jours, il participe à quatorze courses, cela signifie qu'à peine une course terminée il enchaîne sur une autre. Entre deux épreuves, il dispose d'une heure trente pour recevoir sa médaille, boire, pisser pour le contrôle antidopage, manger, se reposer, s'échauffer. Il ne peut pas réfléchir à ce qui lui arrive, il n'a pas le temps d'être heureux de sa victoire, d'en profiter. Il monte pieds nus, ses baskets à la main qu'il n'a pas eu le temps d'enfiler, sur le podium pour sa deuxième médaille d'or individuel, le 200 mètres nage libre, et il les lève en signe de victoire. Il est dans la foulée accusé de faire de la publicité clandestine pour une marque, une possibilité d'exclusion, la rumeur l'atteint, les juifs et l'argent.

Le lendemain, il longe le bassin en couvrant de sa main la troisième médaille d'or qu'il vient de gagner en relais, comme si la honte était là. Il est interrogé : « Qu'est-ce que vous allez en faire ? » Il répond : « Je vais devenir dentiste, et accrocher les médailles dans mon cabinet. » Un métier qui lui permettra toujours de s'en sortir, quoi qu'il arrive.
Le troisième jour, pour le 4 × 200 mètres, un journaliste commente : « Il est doué, mais arrogant. » Lui pense : « On a le temps de mourir dans l'eau. » Le crawl n'est pas sa nage préférée. Le matin, il a annoncé à son entraîneur qu'il préférerait renoncer plutôt que de risquer une médaille d'argent ou de bronze qui pourrait ternir son tableau. Son entraîneur lui ment, sans le relais, il ne pourra pas participer au 100 mètres nage libre, l'épreuve la plus prestigieuse. Des années après, un expert qui analyse les manières de nager le crawl de Mark Spitz et de Michael Phelps expliquera que le premier « produit trop de bulles et perd de l'énergie », l'entrée de la main dans l'eau de Michael Phelps est plus propre, elle n'emprisonne pas d'air dans la paume, sa prise est plus puissante, car il attrape plus d'eau et moins d'air. Malgré ses bulles, malgré cette entrée pas assez tranchante, il gagne à nouveau, cette fois en équipe.
Il a vingt-deux ans, cinq médailles d'or et cinq records du monde en quatre jours. En sortant de l'eau, il cherche des yeux ses parents, se tourne vers eux, son père avec une moustache plus épaisse que la sienne et grise, costume beige, cravate assortie, sa mère petite brune en robe rouge, il est leur fils, il réussit cela pour eux. Ils ont déménagé pour lui, ont assisté

à ses entraînements, l'ont accompagné épreuve après épreuve, ils l'ont consolé quand il perdait, ont été heureux pour lui, à sa place, lors de ses victoires, car il n'avait pas le temps de l'être.

Enfin a lieu l'épreuve reine, celle qui fait de vous le nageur le plus rapide du monde, la seule où il n'est pas favori, la seule où il ne plonge pas du plot numéro quatre, mais du trois.

Elle a lieu le 3 septembre 1972, une date qui renvoie vers cette terreur qui reste dans les mémoires, septembre 1972, Munich, Septembre noir, onze morts, ce sera dans deux jours. Mark Spitz peut encore se montrer innocent, affirmant : « Je n'ai aucun problème avec l'Allemagne, ce qui est arrivé appartient au passé, je n'étais pas né. » Il ne part pas doucement, espérant se réserver pour le sprint final comme il a l'habitude de le faire, il s'élance très vite et gagne sa septième médaille d'or, il est le meilleur olympien de tous les temps.

Et cet homme triomphant a fait sa bar-mitsva, a jeûné pour Kippour, a ressenti la honte, le dire ou pas, la peur qui vous rattrape. En arrivant à Munich, il n'avait pas pu s'empêcher de s'exclamer, pointant une lampe posée à côté de lui : « Cet abat-jour a peut-être été fabriqué avec l'une de mes tantes. » Le 5 septembre dans la matinée, un policier vient le chercher pour le prévenir, vous ne pouvez pas rester, vous allez être évacué en cachette vers Londres, puis vers chez vous aux États-Unis, vous êtes pour les terroristes une cible. Son corps doré ne l'immunise pas d'être juif.

Barcelona, Barcelona

LISETTE LOMBÉ

Je me souviens de chaque finale de 100 mètres, hommes et femmes, des Jeux olympiques depuis que je suis en âge de les regarder, en direct, à la télévision. Je me souviens particulièrement de mes premières fois. Respiration retenue durant dix secondes, canapé qui s'efface et se métamorphose en siège de stade, corps d'enfant-spectatrice tendu vers la ligne d'arrivée et cet homme plus tout à fait homme, en maillot rouge, et ce doigt victorieux, levé vers le ciel. Je me souviens de Ben Johnson. Je me souviens aussi de son pendant féminin sur la plus haute marche du podium : Florence Griffith-Joyner. Je me souviens de ses ongles multicolores qui font penser à des griffes, de la combinaison qui recouvre ses cheveux, du soin particulier apporté à sa tenue, de sa musculature hors norme. Je me souviens de la disgrâce du premier et de la mort de la seconde, comme je me souviens de la technique et de la grâce de Carl Lewis, comme je me souviens de la disqualification pour deux faux départs du Britannique Linford Christie, comme je me souviens du geste d'éclair, bras tendus, signature d'Usain Bolt, comme je me souviens de Merlene Ottey et des médailles d'or qui lui échappent malgré ses meilleures performances annuelles. Les seules finales dont je ne pourrais pas vous parler avec fougue et précision, ce sont celles de 1992. C'est que cette année-là, un autre sport, que je pratique aussi, un autre sport, collectif, va m'éloigner du tartan, un autre sport, le basketball, va accaparer toute mon attention et imprimer une trace indélébile dans ma mémoire corporelle.

Durant l'été 1992, j'ai treize ans, presque quatorze. J'habite une cité. Béton, alignement de buildings, énergie débordante. Je suis affiliée à un club d'athlétisme depuis deux saisons et au basket depuis trois. Je suis assez fière de la double casquette. Je défie les garçons à la course et aux concours de shoots. Je saute au-dessus des barrières et des arbustes en imitant Colin Jackson, buste penché vers l'avant, presque couché sur ses haies. J'écoute la BO de Rocky Balboa en faisant des abdos dans ma chambre. *Eye of the Tiger*, en boucle, dans les écouteurs du walkman. À cette époque-là, je me souviens, on se déplace en bande, on se réunit autour des bancs au pied des immeubles, on s'introduit en douce dans l'implantation scolaire jouxtant la cité, en dehors des heures de cours, pour y squatter le *playground*. Le concierge ne nous fait pas peur. Le terrain nous appartient. Depuis quelques mois, grande nouveauté, nous pouvons regarder certains matchs de la NBA à la télé. Tout y est plus grand, plus clinquant, plus fou. Les joueurs semblent plus aériens, plus physiques, plus engagés. Le public, magnifique, joue son rôle de sixième homme et semble véritablement pouvoir faire basculer des scores en faveur d'un camp ou d'un autre. Je me souviens qu'à un moment critique des *playoffs*, Charles Barkley, en suspension dans les airs, avait calé le ballon sous son aisselle, demandé

et obtenu un temps mort. Cette règle n'existe pas en Belgique. Je me souviens que nous crions, que nous nous roulons au sol avec la sensation d'assister à un spectacle extraordinaire.
Lorsque la Dream Team, équipe de rêve, la seule, l'unique, débarque en Espagne en 1992, nous devenons dingues. Nous nous habillons aux couleurs de nos clubs fétiches pour regarder les matchs des premiers tours. Mon petit frère, en rouge et blanc, est persuadé qu'il court plus vite et saute plus haut avec ses baskets Jordan. Ma petite sœur, pivot dans son équipe, grande sans être immense, s'identifie à Sir Charles. Moi, j'admire le jeu tout en intelligence et en simplicité de Magic Johnson. Je me souviens de la chaleur étouffante dans notre minuscule salon. Je me souviens des fenêtres ouvertes et du balcon du troisième étage. Je me souviens des fourmis dans les jambes. On imite les mouvements, on bondit sur place, on s'esclaffe, on vitupère, on invective l'adversaire. Je me souviens de cette époque d'insouciance absolue avec un léger pincement au cœur. Nous étions de jeunes ados des classes populaires, enfants de père immigré congolais, rêvant de coupes, de médailles, rêvant de s'en sortir grâce au sport, de faire mieux que les parents, rêvant de cette reconnaissance qui fait oublier la couleur de peau. Jeunes ados à mille lieues des polémiques concernant les frontières entre sport amateur et sport professionnel, à mille lieues des tensions géopolitiques, des tractations de coulisses, des affaires de dopage, à mille lieues des enjeux économiques comme l'inflation des montants des droits de retransmission.

Jamais, auparavant, une telle concentration de talents n'avait été réunie sur les parquets des JO. On assiste à des scènes d'hystérie aux abords des salles, semblables à celles qui se déroulent lors des concerts de groupes de rock mondialement connus. Les cars transportant les stars sont littéralement pris d'assaut par les fans. Le déploiement de la police pour assurer la sécurité des joueurs et des membres du staff est hallucinant. L'électricité est palpable dans la ville. Les joueurs des autres équipes semblent aussi comprendre que le moment est historique. Certains photographient même leurs idoles durant les hymnes nationaux. Les défaites s'apparentent à des raclées mais jamais l'esprit olympique n'aura été si vif : l'important est bien de participer à ce rendez-vous sensationnel. On se fout des écarts indécents. Une quarantaine de points, en moyenne. Le jeu reste beau, tendu. Je repense à ce coach qui nous imposait une défense tout terrain en *man to man*, même si nous menions largement. Il ne voulait pas que nous gagnions, il voulait que nous gagnions avec la manière, avec panache, que nous marquions les esprits, que notre réputation de sangsues en défense nous précède et déstabilise nos futures adversaires. Les Américains ne gagnaient pas, ils étaient en train de forger leur légende, ils étaient en train d'écrire, en lettres de feu, des pages inoubliables du basketball mondial.

Il aura donc fallu cet espace d'écriture, cette occasion de me remémorer ces événements pour que je relise avec des yeux d'adulte cette XXVe Olympiade. J'ai remonté le temps, de ma quarantaine à ma jeunesse. J'ai vu ce qui m'avait échappé, ce que j'avais oublié.

J'ai vu tous les comités olympiques présents. J'ai vu tous les cartons d'invitation honorés et l'absence de boycott. J'ai vu une équipe d'Allemagne faisant bloc commun après la chute du mur de Berlin. J'ai vu l'effacement des anciennes frontières et la promesse d'une nouvelle ère. J'ai vu Nelson Mandela fêter le retour de l'Afrique du Sud aux côtés des autres nations. J'ai vu la réconciliation des corps avant la réconciliation des cœurs. J'ai vu les exploits de Vitaly Scherbo et d'Alexander Popov. Monstres sacrés, exemples de rigueur et de détermination. J'ai vu le pape Jean-Paul II prêcher pour une trêve des hostilités durant les compétitions. Discours vain, égaré dans le désert des guerres. J'ai vu des pays, devenus indépendants depuis peu, participer pour la première fois. J'ai vu des histoires nationales à construire et de nouveaux records à établir. J'ai vu et entendu le trio composé de la soprano Montserrat Caballé, Placido Domingo et José Carreras. J'ai vu l'absence de Freddie Mercury. J'ai vu la mort. J'ai vu la séropositivité des héros sortir timidement du placard de la honte. J'ai vu Magic Johnson assumer publiquement sa maladie, rassurer ses coéquipiers dans les vestiaires, essuyer des critiques virulentes et faire face à une peur irrationnelle de la contamination. J'ai vu la déflagration planétaire suscitée par son annonce, en novembre 1991. J'ai repensé au plongeon du champion américain, Greg Louganis, à Séoul. J'ai vu la tête qui cogne sur le tremplin, le sang, la blessure, le VIH déjà là, le silence lourd. J'ai vu tout cela et puis, tranquillement, j'ai fermé les yeux et me suis laissée redevenir petite fille parmi les autres kids de la cité, supportrice parmi les supporters, fan parmi les fans, joueuse parmi les joueurs, rêveuse parmi les rêveurs. Et j'ai chantonné en dedans de moi, juste pour moi, vivante, *Barcelona, Barcelona*.

Aller vite sans être pressé

ÉRIC FOTTORINO

Je me souviens. C'était le 21 septembre de l'an 2000, cette année marquée d'autant de zéros que de cercles olympiques, ou presque. Je me souviens d'une disparition. Avec Pérec, on aurait dû s'y attendre. La disparition de Perec (Georges), c'était sans « e », sans eux, ses parents partis en fumée sous un obus ou dans les camps. Avec Pérec (Marie-Jo), ce fut sans elle. Son nom s'inscrivit, inerte, au tableau d'affichage du stade de Sydney, suivi par ces trois lettres énigmatiques : DNS. *Did not start*. Et ce fut tout. Disparue. Envolée. Dans la nuit australienne on aperçut une longue silhouette qui courait. Qui courait vers un avion. Une course sans médaille, sauf le reflet aveuglant de son revers. À cet instant il n'y eut plus de gazelle, plus de triple championne olympique, plus de fierté nationale, plus de reine guadeloupéenne. Il n'y eut plus qu'un grand point d'interrogation planté telle une pointe acérée dans la cendrée de l'absence.
Pourquoi ? Pourquoi maintenant, elle à qui ses temps pouvaient laisser espérer de nouveaux lauriers ? Faute de réponse on allongea la foulée de son patronyme. Les commentateurs parlaient perplexes de Marie-José Pérec, renonçant à la diminution du nom qui, ainsi que l'avait noté Roland Barthes dans ses *Mythologies*,

est proportionnelle à l'explosion de la notoriété. À ses débuts, en 1988, encore inconnue, son premier titre de championne de France avait été salué par son nom tout au long. Puis au fil des exploits, de championnats du monde en titres olympiques, elle était devenue Pérec, avant de se faire un prénom, Marie-José. Et fatalement, familièrement, de devenir juste Marie-Jo (j'entends la voix de Patrick Montel montant dans les aigus en Espagne et bien sûr pour son double couronnement du 400 mètres et du 200 mètres à Atlanta, Marie-José Pérec, Marie-José il faut y aller ! Marie-Jo, Jo comme JO). Elle allait si vite, notre championne aux jambes interminables – « les plus belles jambes de Barcelone », fameux dessin signé Chenez –, qu'il fallait saluer au plus court à l'approche de l'emballage final. Marie-Jo fit l'affaire.
À Sydney, dans la stupeur de ce non-départ, l'énigme s'étala en toutes lettres. On connaissait, ou croyait connaître, Marie-Jo. On ignorait tout de Marie-José Pérec. On savait sa force athlétique, ses cadences surnaturelles – ne s'était-elle pas qualifiée elle-même d'« exceptionnelle » ? –, on admirait sa grâce, sa rage de vaincre. Sans en connaître tous les ressorts, les secrets, l'exorcisme que pouvait représenter dans son âme blessée la chaleur de la victoire. On savait encore peu de la petite fille de Basse-Terre rongée de superstitions et de chagrins d'enfant. Des troubles venus de très loin, auxquels s'étaient ajoutés des ennuis de santé contractés deux ans avant les Jeux, lors d'une mission en Afrique pour l'Unicef. Une mononucléose qui avait tourné à la myocardite, doublant sa fréquence cardiaque de 45 à 90 pulsations minute. À peine montait-elle un escalier

qu'elle perdait son souffle. Il lui fallut des semaines de repos avant qu'elle puisse se réentraîner sérieusement. Mais dans cette période d'incertitude, le moral de celle qu'on appelait encore « l'icône » ou « la déesse des stades » s'était dangereusement mis en berne.

Pour tenter d'approcher la faille vertigineuse qui s'ouvrit dans le corps et l'esprit de Pérec, j'ai cherché dans le seul secours qui soit. La littérature. Un roman saisissant signé Paul-Henry Bizon et titré *Olympia* (Gallimard, 2021). Une fiction où les mots coulent de la bouche du cheval, disons de la gazelle (encore que le terme soit moins heureux à présent). De la bouche de notre héroïne. « Nous étions en mars, les Jeux de Sydney commençaient en septembre. J'avais beau m'entraîner comme une brute, je n'arrivais pas à reprendre le contrôle de mon corps. Ce constat sonna comme la confirmation de ce que je n'osais m'avouer depuis trop longtemps : je ne serais pas en mesure de défendre mes deux titres en Australie. » Derrière cette parole lucide se jouait une partition dissonante que décrypte le romancier comme on débusque un loup dans la nuit : « Entre Pérec et Freeman, entre la descendante d'esclaves africains prisonnière d'un confetti des Antilles et la femme aborigène spoliée de son île-continent, s'était créé un espace sorcier empli de vengeance et de colère froide, plus puissant que toute la machinerie olympique. » Le nom tabou est prononcé. Catherine Freeman, la grande rivale de Marie-Jo. « En cette année 2000, poursuit Paul-Henry Bizon, Pérec craint comme la mort la magie mise à l'œuvre par sa rivale. Elle n'eut plus aucun doute sur les intentions maléfiques de Freeman lorsque celle-ci lui offrit un flacon de Chanel N° 5 pour son anniversaire. Cinq, comme le couloir de sa victoire à Barcelone. Cinq, comme celui qu'elle n'occuperait pas à la finale des JO de Sydney. Marie-Jo s'était alors laissé emporter par la spirale de l'irrationnel. »

Alors se déclencha cette « machinerie » olympique, qui fit de notre championne une proie, face à un pays tout entier hostile, car acquis à sa rivale Cathy Freeman. Les commentateurs, les médias, les spectateurs, l'homme de la rue, tout le monde eut sa petite idée sur la défection de Marie-José Pérec (plus de petit nom désormais). Était-elle dopée et craignait-elle d'être confondue ? Non, déclarèrent avec fermeté les autorités sportives. Avait-elle, comme elle l'affirma un peu plus tard, été insultée dans les rues de Sydney, agressée verbalement, pourchassée jusque dans sa chambre d'hôtel qu'elle avait prise hors du village des athlètes ? La presse australienne se déchaîna.

Le *Daily Telegraph* qualifia Pérec de *Mademoiselle La Chicken* – la poule mouillée –, fustigeant sa « fuite panique » qui allait priver ces Jeux du duel emblématique attendu depuis Atlanta où Catherine Freeman avait dû se contenter de l'argent derrière la Guadeloupéenne aux semelles de vent. « Pérec fuit avant d'affronter Cathy », ainsi se résuma l'affaire. « Vous ne me verrez plus jamais courir », riposta Pérec. La sentence tomba, sèche, irrévocable. Même si la triple championne olympique espéra reprendre son chemin victorieux, le ressort était brisé. Le corps empêché. L'envie évanouie. La page à jamais tournée.

Avec le recul des années, j'éprouve ce malaise que font toujours naître en moi ces grand-messes populaires avec leur cocktail de nationalisme et d'opium du peuple. Du pain et des jeux, vieille histoire… Comme on voudrait ramener sans cesse Zinedine Zidane à son coup de boule de 2006 en finale de la Coupe du monde de football, il faudrait seulement retenir de Marie-José Pérec ce coup de tête qui la fit quitter Sydney sans disputer ses chances. Une sorte de haute trahison à une épreuve, à un drapeau, à un hymne national étouffé. Sans doute la championne avait-elle ses raisons que la raison ignorait, qu'elle seule peut-être (mais est-ce si sûr ?) connaissait. Il reste que jamais l'athlétisme français ne connut pareil phénomène. Cette élégance alliée à la puissance, cette sensation donnée de facilité, quand ses adversaires s'échinent à lui coller aux basques. Elle vole, elle s'envole. J'ai souvent regardé les images de ses victoires olympiques. C'est chaque fois le même prodige. Tous les couloirs sont occupés par des athlètes lancées à toutes jambes vers la victoire. Elle seule donne l'impression de ralenti, d'aller l'amble, dans sa foulée ample et cruelle pour qui la défie. Il est là, le mystère Pérec. Aller vite sans paraître pressée.

Le grand mystère de la finale du 100 mètres

ALEXIS JENNI

Je me souviens du fond sonore des dimanches d'été ; dans la petite cité de trois barres de quatre étages où j'habitais, ou dans les agglomérats de villas neuves où habitaient certains de mes copains, c'était partout pareil. Fenêtres ouvertes, les télés allumées dans l'ombre, on entendait la rumeur du sport. C'était le son des dimanches à la saison où l'on ouvre les fenêtres, à l'époque où l'on regardait la télévision, où on la laissait allumée tout l'après-midi, quasiment en public, mais tout le monde savait ce qu'il y avait à ce moment-là, deux ou trois chaînes, pas plus, même programme pour tous : du sport, et tous les quatre ans, les Jeux olympiques.

Maintenant les salons ne sont plus organisés autour de l'écran du culte, on a de petits écrans plats dans les coins, sur les genoux, dans la main, des écouteurs pour chacun, personne ne regarde la même chose, on n'entend plus rien. Mais il fut un temps où dans l'air doux de l'été, les écrans collectifs allumés, les dimanches avaient un son, et partout le même.

Je me souviens des grands prix de Formule 1 avec ces vrombissements qui approchaient, s'éloignaient, se rapprochaient encore, les moustiques de la nuit venus en pleine journée. Je me souviens de Roland-Garros ou de Wimbledon, et de leurs rites, le rugissement étouffé du service « omph ! », le rebond et le renvoi « pof ! pong ! », et puis « pom-pom-pom », petits rebonds, balle perdue. Applaudissements et verdict sépulcral : « Quinze-trente ! », ou autres chiffres incohérents, applaudissements encore. Comme ça tout l'après-midi. On regardait ça. On. Je me mettais dans un coin, j'allais lire. J'ai toujours préféré lire.

Pareil à la campagne, l'été on ouvrait les fenêtres, on regardait la télé. Le dimanche, il y avait du sport, on l'entendait de partout. Mais j'allais lire. C'était à Belley, dans l'Ain, je mentionne toujours le département après la ville car en général on ne sait pas où c'est, mais cette précision n'éclaire pas vraiment l'interlocuteur, qui ne voit pas non plus où est le département, c'est dire combien j'ai grandi un peu à l'écart du monde, mais c'est bien le sujet.

Mais qu'est-ce qu'ils faisaient les dimanches de sport, les gens ? Qu'est-ce qu'ils faisaient les hommes adultes qu'on ne voyait plus pendant des heures ? Je les entendais s'agiter dans des pièces à l'écart, avachis à plusieurs sur les canapés, gesticuler dans l'ombre des persiennes, crier, et quand c'était fini, ils ressortaient à la lumière, un peu rougeauds, les yeux clignotants, une bière à la main qu'ils vidaient au goulot, commentant la marque avec des restes d'excitation dans la voix, je ne comprenais pas. Je préférais lire.

Mon père s'en moquait gentiment. Il racontait souvent l'anecdote de la course de karts à moteur qui se déroula au bas de la cité, pour une fois qu'il se passait quelque chose dans la petite ville engloutie dans la campagne, ça avait attiré du monde. Il m'avait invité à venir voir, à nous poster tous les deux au bord de la rue transformée en piste pour regarder passer les petits bolides. J'avais préféré rester lire, très précisément une pile d'albums de Michel Vaillant, le héros pilote automobile qui tournait sur tous les circuits du monde en vrombissant sur le papier des onomatopées de grosses lettres. Seul, j'avais lu toute la pile et j'entendais le vrombissement réel monter par les fenêtres, c'était bien.

Mon père fut déçu, il raconta souvent l'anecdote édifiante de son fils qui avait préféré lire une histoire de course automobile plutôt que d'aller voir une course automobile qui passait sous ses fenêtres. Il la répétait, il en riait, il mettait les rieurs de son côté, ça m'agaçait. Je ne savais pas le lui dire, c'était pourtant une telle évidence : je ne comprenais pas qu'il ne comprenne pas que dans une fiction il y avait plus d'histoires que sur le trottoir, où on ne voit rien, à peine quelques bolides qui passent en un éclair, sans suspense, sans coup de théâtre, sans rien, parce qu'on est limité à un bout de trottoir, alors que dans un livre on voit tout, on sait tout, on comprend tout.

C'était pareil pour le foot, j'y étais incompétent dans le réel, même si j'y ai joué à toutes les pauses de midi pendant mes quatre ans de collège. Et puis plus jamais. Et je ne le regardais pas non plus à la télé, parce que le problème du foot c'est qu'il va toujours se passer quelque chose, mais qu'au bout du compte il ne se passe rien, un partout y est un score respectable alors que c'est quand même l'emblème de l'ennui.

Je lisais par contre avec passion une BD bas de gamme, un illustré sur mauvais papier en vente dans les bureaux de tabac, qui mettait en scène une équipe de footballeurs, avec des péripéties et des coups de théâtre, des défis et des victoires à l'arraché. La pratique réelle m'étant interdite par incompétence, je préférais la mise en scène dans un théâtre d'encre plutôt que la télédiffusion de la réalité brute. C'est un rapport au monde.

Jeune adulte, je suis bien allé voir des matchs au pub avec des potes, mais ce que je préférais de toute la soirée, c'était la bière. Je ne me souvenais plus vraiment du score, et jamais du nom des joueurs.

Le sport à la télé, sa contemplation pendant des heures, m'a toujours plongé dans la plus grande perplexité. Que se passait-il, là, pour que les adultes y passent tant de temps ? Quels événements avaient donc lieu pendant les dimanches d'été, dans la pénombre fraîche des salons, dont je n'entendais que la rumeur et les brusques éclats de voix ? Je n'ai pas dépassé mes interrogations d'enfant. Les adultes avaient des préoccupations que je ne comprenais pas, cela durait, ils s'isolaient mais on entendait tout, et ces moments-là leur donnaient sans doute du plaisir, un plaisir dont je ne comprenais pas la nature.

J'étais enfant. Je ne comprenais pas, et maintenant pas davantage, le goût exclusif de mon père pour certaines émissions très précises de sport télévisé. Il se moquait bien du sport en général, mais il regardait ça : le patinage artistique, ces glissades en tutu avec parfois jet du partenaire, et puis la course de fond, cette Formule 1 feutrée mais avec la même rotation interminable ; et puis, le grand mystère, mystère des mystères, c'était son goût très délimité, d'une précision quasi fétichiste, car le fétichisme fonctionne à la précision sinon il rate son but, son goût bizarre, donc, pour la finale du 100 mètres messieurs des Jeux olympiques. Les Championnats du monde, ou d'Europe, ça pouvait à la rigueur convenir, mais c'était moins cérémoniel, et moins médiatisé. Selon la longitude du lieu des Olympiades cela était diffusé à des heures différentes, mais toujours il était là. Plusieurs jours auparavant, il en avait cerclé le moment au stylo-bille sur le programme en papier, il s'y préparait, il en parlait, il l'annonçait toute la journée, il surveillait sa montre. Au moment prévu il allait s'installer en grande pompe et seul dans la petite pièce où était la télévision ; il était prof de gauche, la télé ne trônait pas au salon. Il posait un fauteuil bien en face de l'écran, il réglait avec soin la distance et l'orientation, il s'asseyait avec les jambes écartées, dans un parfait *manspreading* mais on ignorait alors le mot, une position d'homme en tout cas, le dos droit, bien stable. J'entendais les rumeurs, les annonces, je n'y allais pas. Et puis les coureurs s'installaient dans les starting-blocks, leurs nationalités exotiques et leurs noms étranges égrenés avec enthousiasme. Mon père s'échauffait, il commentait par monosyllabes étouffés. Je lisais, je ne faisais un peu que ça à cet âge, mais je guettais d'une oreille. Et soudain « paf ! », le coup de pistolet du starter, la rumeur enflait, celle du stade, celle des spectateurs par milliers, celle de mon père seul dans la pièce, la rumeur montait, jusqu'à un sommet, « oui ! ouiii ! ah ! aaahhh ! », et puis tout s'arrêtait. Le commentaire revenait, j'entendais quelqu'un parler avec un peu d'essoufflement, mais je ne distinguais rien des paroles. Et

mon père sortait de la petite pièce à pas traînants, ses savates glissantes sur le carrelage, la tête baissée, comme fatigué. Une finale du 100 mètres, ça dure une dizaine de secondes par définition. C'était fini.
À peine parti, déjà fini, quelque chose m'échappait. Que cherchait à voir mon père dans la finale du 100 mètres, et surtout celle des messieurs aux Jeux olympiques ? À entrevoir, quelques secondes, la possibilité de la foudre ? Je ne comprenais pas ce qui se passait quand les adultes étaient seuls, avec des rumeurs enthousiastes qui flottaient autour d'eux. Je préférais lire, quelque chose de la réalité m'échappait alors : j'étais enfant, timide, et impubère.

La geste fosburienne

PHILIPPE DELERM

Je me souviens de Dick Fosbury. Dimanche 20 octobre 1968, dernier jour de la semaine de l'athlétisme aux Jeux olympiques de Mexico. Tellement d'encre avait coulé, avant la quinzaine, à propos de l'altitude qui allait fausser les performances, favorisant les épreuves courtes et explosives, handicapant les courses longues. Et tellement d'images fortes étaient venues habiter depuis cette semaine-là, Tommie Smith sur 200 mètres, Lee Evans sur 400, leurs performances extraordinaires et plus encore leur attitude rebelle sur le podium olympique devenu l'épicentre de la lutte antiraciste. La gestuelle frénétique de Bob Beamon, pantin démantibulé dans le début d'orage propulsant son corps dégingandé jusqu'à la marque improbable de 8 m 90 en longueur. Dick Fosbury n'était quant à lui ni rebelle ni frénétique. Mais révolutionnaire, oui. Les juges du concours de saut en hauteur étaient gênés. Pour la première fois de l'histoire, un titre majeur allait être décerné à un athlète franchissant la barre sur le dos. Pendant que les marathoniens en dette d'oxygène terminaient tant bien que mal leur épreuve, Fosbury venait de franchir une barre à 2 m 24, devançant son compatriote américain Caruthers, deuxième avec 2 m 22. Embarrassés, les officiels se replongeaient dans le règlement. Dick n'avait-il pas pris son élan à pieds joints, ce qui eût annulé son exploit ? Mais non, rien dans sa technique innovante ne semblait justifier une disqualification, il fallait s'y résoudre, ou s'y résigner.

Après tant d'images flamboyantes et de comportements extravertis, le nouvel extraterrestre paraissait très discret dans son triomphe. Dans les entretiens qu'il accorda par la suite, Dick Fosbury se présenta toujours comme un athlète modeste. À seize ans, il sautait 1 m 77, et rien n'annonçait une évolution prodigieuse. Il éprouvait simplement des difficultés à utiliser le rouleau ventral, pratiqué par presque tous les sauteurs dans le monde, dont le Soviétique Valériy Brumel, recordman planétaire depuis 1963 avec 2 m 28. Petit à petit, dans son coin, Dick cherchait son style, et décidait de « monter les hanches ». C'est très progressivement qu'il en vint à sauter carrément sur le dos, et à apprivoiser ce que tout le monde appellerait bientôt le *Fosbury flop*.

Il fut très surpris d'apprendre qu'avant lui, au début des années 1960, un étudiant du Montana, Bruce Quande, s'était essayé à ce franchissement dorsal. Mais Quande avait assez vite arrêté l'athlétisme. Fosbury avait quant à lui intégré l'université d'Eugene en 1966, et ses progrès devinrent spectaculaires en 1967 (2 m 10), puis éblouissants en 1968, avec les 2 m 21 qui lui permirent de gagner sa sélection pour Mexico.

On n'aurait sûrement jamais connu le *Fosbury flop* si les aires de réception du saut en hauteur n'avaient vu peu à peu le sable remplacé d'abord par des copeaux de bois, puis des filets remplis de mousse et enfin ces matelas de réception qui autorisaient à se livrer à l'espace sans songer à la réception. Il est presque étonnant que cette nouvelle technologie n'ait pas enfanté plus tôt des techniques de saut nouvelles. Mais le rouleau ventral avait la vie dure. Il fallut attendre 1973 pour voir Dwight Stones devenir le premier recordman du monde en fosbury, avec 2 m 30. En 1978, le sauteur ukrainien Vladimir Yatchenko battait encore le record mondial avec 2 m 34 en saut ventral.

Avec Dick Fosbury on assistait toutefois à bien davantage qu'une innovation ponctuelle dans l'histoire du saut en hauteur. C'était tout à coup une philosophie nouvelle de l'épreuve. Le saut en ciseaux, le rouleau californien puis le rouleau ventral pratiqués jusqu'alors engageaient le sauteur dans un face-à-face avec la barre qui ne manquait pas d'audace quand celle-ci était installée très haut sur ses taquets.

Je pense notamment à une photo de John Thomas élevant sa jambe libre avec une grande souplesse, mais encore tellement en dessous de l'obstacle qu'on n'imagine pas qu'il puisse l'effacer. Après, il y avait dans le rouleau ventral un enroulement presque amoureux de la barre, le corps allongé couché sur celle-ci. Jusque-là une esthétique irréprochable. Mais l'esquive en rotation de la seconde jambe prenait ensuite une raideur un peu crapaudine, beaucoup moins agréable à l'œil.

Rien de tel avec le *Fosbury flop*. On ne toise plus la barre adversaire avant de la combattre bravement. On la regarde de loin, puis on court à grandes foulées, assez vite et assez longtemps pour susciter ensuite une lévitation planante, assez d'élan pour faire défiler tout le corps. On ne provoque plus. On efface, on méprise,

on abolit, sans regarder. Le mouvement est magnifique. Dick Fosbury disait avec humour qu'il n'était pas un très beau sauteur… de fosbury. Il trouvait que tout au long de son saut il gardait les bras beaucoup trop collés au corps, et que cela nuisait à son idée d'envol. Peu à peu, d'autres sauteurs, d'autres sauteuses, et puis tous les sauteurs, toutes les sauteuses se sont mis à pratiquer le saut sur le dos. De Dick Fosbury, qui nous a quittés très récemment, je dirais qu'il fut un très grand couturier des temps modernes. Car il a inventé un type de beauté féminine. La sauteuse en hauteur habillée par Dick Fosbury est d'une irrésistible beauté. Quand elle s'échauffe, exécute des mouvements de préparation sur le sol, quand elle se lève, elle paraît presque trop grande, trop gracile.
Mais peu importe son avant et son après. Elle est conçue pour le miracle de son saut. La course d'élan en fait complètement partie. Elle est étonnamment tonique, presque piaffante quelquefois, et comme antinomique de ce survol de la barre qu'elle autorise et promet. Après, quand elle décolle, cela n'en finit pas. Le temps a rendez-vous avec l'espace, dans un paraphe d'une ampleur surréelle. Elle est volontiers blonde, porte un nom slave. Pourrait-on parler d'une liane de cristal ? Oui, car la sauteuse en hauteur conçue par Dick Fosbury permet toutes les audaces sémantiques. Mais elle peut être brune aussi, comme l'Italienne Bevilacqua, qui poussait la théâtralité jusqu'à l'issue du saut. Qu'il soit échec ou réussite, elle enlevait très vite le bandeau qui ceignait sa longue chevelure, et s'ébrouait dans un hiératisme voluptueux qui nous laissait patauds, conquis.

Les hommes aussi, bien sûr, ont enrichi la geste fosburienne. Avec une mention spéciale pour Carlos Sotomayor, dont la félinité s'alliait à une puissance musculaire où rien ne semblait peser. Son record du monde à 2 m 45 tient toujours. Il reste le seul homme au monde à avoir sauté plus haut que la barre transversale d'un but de football, et cela continue à nous fasciner.

En gymnastique, en patin à glace, des sportifs ont laissé leur nom au geste qu'ils ont inventé. Ce n'est pas leur faire injure d'affirmer que le mot *fosbury* incarne davantage encore. Ce n'est pas un terme de chapelle ou de spécialiste. C'est un mot de plein air, pour qualifier un geste pur, universel. Les enfants, les adolescents d'aujourd'hui ne se posent pas la question de savoir s'ils sautent en fosbury. Il n'y a plus de question. Ce que personne ne pouvait imaginer est devenu une évidence. Les juges ne consultent plus le règlement après les concours de hauteur. Et cependant… Tout commence vraiment à Mexico, le dimanche 20 octobre 1968. Avec un garçon si jeune et si discret venu de l'Oregon qui va changer le monde.

Imagine qu'il n'y a pas de pays

BERNARD COMMENT

Je me souviens. C'est en juillet 2023, à Porrentruy, en Suisse, un an exactement avant les Jeux de Paris 2024. Je classe des cartons de dessins d'enfant qui vont aller compléter mon fonds aux archives littéraires à la Bibliothèque nationale suisse à Berne, et je tombe sur six cartes bristol finement lignées, format A6 (plus tard, étudiant, j'en utiliserai pour mes fichiers de citations et d'idées). Elles datent toutes d'octobre 1968 (ma mère a noté la date, au dos). Chacune présente des drapeaux et des noms de pays. L'écho aux Jeux de l'époque est évident : au centre de l'une d'elles figure le nom MEXICO en majuscules, surmonté du symbole olympique, avec huit anneaux et non cinq.
J'avais huit ans. On entendait parler des Jeux à la radio (chaque déjeuner, le transistor au milieu de la table, et les nouvelles de midi et demi après le top donné par l'observatoire chronométrique de Neuchâtel), et par les journaux, avec des photos qui se graveront à jamais dans ma mémoire (le saut en longueur de Bob Beamon, les deux sprinters noirs levant le poing). C'est donc ça, l'image que le petit garçon retenait, ou avait envie de copier, sur ces bristols : des drapeaux nationaux, des noms de pays.

Et je souris de la coïncidence. Lorsque l'éditeur m'a contacté pour écrire un texte dans un livre collectif sur les JO, je lui ai immédiatement proposé quelque chose sur Mexico. Il m'a répondu que c'était déjà pris, par plusieurs auteurs. Alors, je lui ai dit : et des considérations sur le rêve de Jeux qui ne soient plus ceux des nations, mais ceux des villes, ou de grandes régions à inventer ? Il m'a dit : « Pourquoi pas ? » Et voilà que surgissent ces cartes, petit hasard objectif par temps de canicule (c'est sans doute en raison de la forte chaleur latino-américaine que les compétitions de l'époque eurent lieu à l'automne et non en plein été).
À l'origine, dans la Grèce antique, les Jeux olympiques voient s'affronter les cités. Milon de Crotone, Diagoras de Rhodes, les noms mêmes des athlètes disent leur rattachement à une ville. Et en fin de compte, les dieux du stade modernes n'ont pas de nationalité. Certes, ils bénéficient de l'encadrement de structures fédérales, qui préparent et accompagnent leur quête de performance. Mais qui admirait-on en la personne de Jesse Owens (dont on peut contempler les chaussures à pointes de son succès de 1936 au Musée olympique d'Ouchy, sans doute le clou de toute cette collection, le plus émouvant souvenir) : un athlète ? un Américain ? un Noir ? Certainement pas un Américain, dans un pays qui pratiquait encore la ségrégation dans certains de ses États. Alors, oui, un athlète, explosif, propulsif, qui ne se laissa pas conditionner ni intimider par le grand spectacle de la haine raciale orchestré par les nazis.
Ma mère, proche aujourd'hui de ses cent ans, en garde un souvenir intact, comme une bouffée de liberté,

de dignité, une épiphanie dans ces années 1930 si sombres qui allaient le devenir bien plus encore. Ce jour-là du sacre sur 100 mètres, Owens n'avait pas de nationalité. Il était un homme qui transcendait toutes les appartenances pour fouetter l'air et fouler la piste à une allure vertigineuse. De même lors de l'épreuve du saut en longueur, ou du 200 mètres, ou du 4 × 100 mètres. Quatre médailles d'or, mais toujours pas de droits civiques au retour. Alors les drapeaux, les écussons, les hymnes…

De mon enfance et de ma jeunesse, je garde en tête le décompte au jour le jour par les médias des médailles par pays, les États-Unis, l'URSS, certains pays du bloc de l'Est suivant la spécialité (Allemagne de l'Est, Roumanie, Tchécoslovaquie) où tous les moyens étaient bons, au mépris même de la santé des compétitrices et compétiteurs, pour relever le défi et briller au palmarès. Cela aurait-il existé sans la mise en valeur et la primauté des Nations ? On se doute que non. Et aujourd'hui même, lorsqu'un président de la République fixe le nombre minimal de médailles comme objectif des Jeux olympiques à venir, que dire ?

Au départ d'une finale de sprint ou de demi-fond ou du royal 400 mètres, il y a huit corps alignés, des corps qui ont supporté des efforts inimaginables, qui ont atteint des limites époustouflantes, qui se sont exercés pendant des années pour en arriver là, jusqu'à en crever (pas d'autre mot), et l'on se devrait de les admirer comme tels, seuls, sublimes, lancés à la recherche d'une médaille, d'un record, peu importe alors la casaque. Marie-José Pérec portait la tunique

tricolore à Barcelone en 1992 mais c'est probablement la petite coureuse sur les plages de Guadeloupe, volontiers rebelle, qui prend le dessus lorsqu'elle décide de bloquer sa respiration au sortir du virage et de finir la course en apnée, contrairement à tout ce que la discipline lui a appris à faire. Ces gestes-là, ces décisions-là, n'ont pas de passeport. Les corps sont à ces moments magiques des « semelles de vent ». Des étoiles filantes.
Dans le beau et gros livre *Imagine* (E/P/A, 2018), je trouve ce dialogue entre John Lennon et Yoko Ono :

John : On commence par concevoir l'idée d'absence de nation, de passeport. Quand on ne défend pas un pays, on n'a aucune raison de faire la guerre.
Yoko : Nous ne sommes pas les premiers à dire « Imagine qu'il n'y a pas de pays » ou « Donnez une chance à la paix. Nous portons simplement le flambeau, comme une flamme olympique. »
John : À une époque il n'y avait pas besoin de passeport pour aller d'un pays à l'autre. Quel genre de monde est-on en train de créer ?

La notion d'olympisme, évoquée par Yoko Ono, est une idée universaliste, elle repose sur l'idée de migration, d'échange, et l'encourage. Ce que chaque athlète nous dit, c'est qu'il ou elle refuse d'être défini par une appartenance et qu'il ou elle est là par son histoire propre, par le destin qu'il ou elle s'est forgé. La beauté du sport, dont les Jeux sont une scansion essentielle, réside dans l'inventivité dont font preuve de jeunes personnes pour améliorer leur résistance, leur fulgurance, leurs prestations, pour créer de nouveaux gestes (l'emblématique Fosbury), de nouvelles façons. Et puis, bien sûr, le sport est un monde de superstition. Il faut être dans un bon jour, ça ne peut rien gâcher.

Qu'un joueur comme Kylian Mbappé, promis à tous les titres possibles du football, accorde une telle importance à disputer les Jeux olympiques peut interpeller et dit combien une autre chose est en jeu : la participation à un idéal qui a parfois été trahi (précisément quand la nation et la politique des nations ont pris le dessus) mais qui demeure intact et attractif, car les rêves ne meurent pas.

Le palmarès des Jeux olympiques a de quoi faire rêver, en effet. Johnny Weissmuller roi des bassins parisiens en 1924 avant d'endosser la tenue (c'est beaucoup dire) de Tarzan, Jesse Owens déjà évoqué, Emil Zátopek, Abebe Bikila aux pieds nus, Cassius Clay aux gants dansants, Al Oerter, Mark Spitz, Nadia Comăneci en grâce absolue (note maximale), Sebastian Coe, Carl Lewis bien sûr, Florence Griffith-Joyner, on hésite à citer Kristin Otto tant la RDA produisait des monstres, Janet Evans, Marie-José Perec, Alexander Popov (production soviétique), Michael Johnson, Laura Flessel, David Douillet, et je m'arrête là, an 2000. C'est juste un survol, avec tout ce qu'il a d'injuste et d'arbitraire. J'ai envie d'y ajouter Alain Mimoun.

Le samedi 27 juillet 2024 sera, je l'espère, un grand jour pour une épéiste parisienne d'origine guadeloupéenne, qui évoluera aussi en équipe trois jours plus tard, sous la splendide verrière du Grand Palais. Elle s'appelle Marie-Florence Candassamy. Elle est championne du monde. Ses yeux sont pleins de rêves. Elle a commencé l'épée à l'âge de sept ans, au Paris Université Club, auquel elle est restée fidèle. Un quart de siècle. C'est la plus belle des médailles.

Seule l'union fait la force

JÉRÔME GARCIN

Je me souviens d'un instant de grâce. 89,69 secondes égrenées entre terre et ciel. À peine une minute et demie de beauté volée. L'impalpable légèreté de l'être. Un elfe, en apesanteur.

Le 2 octobre 1988, au cœur vibrant du parc équestre de Séoul, à Kwachon, où dix mille spectateurs retiennent leur souffle, et dans un immense silence, à peine troublé par le cliquètement des mors de bride, le frou-frou des sabots sur l'herbe sèche et d'enfantins soupirs de naseaux, le spectacle tient moins de l'équitation que de la chorégraphie épurée, de la calligraphie asiatique et de la gymnastique artistique.

Ce jour-là, sur Jappeloup, son petit cheval bai brun foncé, Pierre Durand, veste bleu marine à col rouge vif, entre sur la piste, exécute un bref reculer pour s'assurer que sa monture est bien aux ordres, et puis s'élance au galop. Un galop chaloupé, dansant, mutin, un galop en avant, calme et droit. Comme pour une promenade de santé dans le doux automne sud-coréen. Sans se presser, le couple, qui sera même sanctionné à l'arrivée d'une infime pénalité pour temps dépassé, va franchir treize obstacles monumentaux aux couleurs fluorescentes, dont un triple complexe et un double oxer sur bidet, avec un naturel confondant,

sans exprimer, croit-on, le moindre effort. Qu'importe si certains verticaux dépassent le 1 m 60 et les oxers mesurent 2 mètres de large, Jappeloup, qui ne paie pas de mine avec son 1 m 58 au garrot, les enjambe comme s'il se jouait d'eux, frôlant parfois les barres, mais ne les faisant jamais tomber. Un cabri noir au planer. Sur son dos, un cavalier exceptionnel, qui ne pèse pas, tient haut ses rênes à la manière d'un harpiste et accompagne d'une main légère son cheval, auquel il semble rendre, malgré le double mors de bride, sa liberté originelle et l'exultation des grands herbages.
Jappeloup, treize ans, et Pierre Durand, trente-trois ans, forment ce jour-là un centaure invincible. Il ne court pas, il vole. Au terme d'un parcours à lignes droites et courbes onctueuses de 770 mètres, il remporte, quelques heures avant la clôture des Jeux de la XXIVe Olympiade de l'ère moderne, la médaille d'or que la France n'avait pas obtenue en saut d'obstacles depuis la victoire, vingt-quatre ans plus tôt, à Tokyo, de Pierre Jonquères d'Oriola sur Lutteur B. Après avoir franchi l'ultime vertical, debout sur les étriers, Pierre Durand enlève et tend sa bombe en l'air pour saluer le public au galop, et puis retombe dans un pas alangui, flatte l'encolure brillante de son champion et consent enfin à mettre pied à terre, comme s'il s'arrachait, contre son gré, à un rêve merveilleux. « Le plus beau moment, explique-t-il, c'est quand on franchit la ligne d'arrivée. Tant qu'on est encore à cheval, quelques secondes… Après, la joie ne vous appartient plus à vous tout seul. »
Rien ne destinait pourtant, malgré des pronostics flatteurs et persistants, ce cavalier et ce cheval girondins

au sacre mondial. Contrairement aux autres concurrents, tous des professionnels blanchis sous le harnais et sur la selle, dont l'Américain médaillé d'argent Greg Best et l'Allemand médaillé de bronze Karsten Huck, Pierre Durand était un amateur. Il ne voulait pas faire de sa passion un métier. L'équitation devait rester une grande aventure, et non pas une spécialité ; une épopée, pas une situation. La carrière, oui, pourvu qu'elle fût sablée et en plein air. Quelque part, pour la famille Durand, du côté de Saint-Seurin-sur-l'Isle (Nouvelle-Aquitaine), où les sols sont argileux, le climat est de type océanique altéré et l'herbe, riche. Il s'était d'ailleurs mis, pour concourir aux JO, en réserve de sa charge d'administrateur judiciaire ; ainsi vit-on, pour la première fois dans le monde équestre, un syndic de faillite devenir un gérant du succès.

Contrairement à son cavalier au patronyme si banal et si répandu (son homonyme, le général Pierre Durand, fut l'écuyer en chef du Cadre noir de Saumur de 1975 à 1984), Jappeloup de Luze était doté d'une particule tardive, due à un sponsor, un peu ronflante. Mais ni les origines ni la morphologie de ce hongre craintif ne le prédisposaient à la gloire de Séoul. Outre sa petite taille (il n'avait que 8 centimètres de plus qu'un double poney), son physique le rendait assez commun, ses allures étaient plutôt ternes, et son équilibre avait quelque chose de dégingandé. Au pré, on ne le remarquait pas. Mais dès qu'il était monté, entrepris et rassemblé, Jappeloup prenait alors des airs princiers. C'est que le défi le stimulait et le métamorphosait, comme aux Championnats d'Europe, à Saint-Gall, où, en 1987, face à des adversaires toisant fièrement le 1 m 75 au garrot, il gagna l'or avec des manières, une souplesse et une élégance qu'on ne lui devinait pas. Car il était mal né.

Fils d'un trotteur français (cheval au cœur immense, mais aux sauts tristounets) et d'une pur-sang anglaise (une race de course qui préfère l'horizontalité à la verticalité, la chevauchée à l'envolée), Jappeloup le bâtard était en plus un garçon indiscipliné. Et imprévisible. Capable, par caprice et par peur, de refuser un obstacle au dernier moment. Ainsi, aux Jeux olympiques de Los Angeles, en 1984, il s'arrêta net au pied d'un oxer, qui ne lui revenait pas ou l'inquiétait, et envoya Pierre Durand volplaner de l'autre côté des barres. Ce jour-là, Jappeloup rejoignit son box au grand galop, avec force coups de cul, tandis que son cavalier, penaud, traversa la piste à pied, en tenant à la main le filet et la bride de l'animal fougueux qui avait été l'instrument de son humiliation en mondovision.

Et pourtant, la complicité exclusive, magique, inexplicable, du cavalier amateur et de son cheval fantasque allait faire des miracles. Preuve que, dans ce sport, seule l'union fait la force. Sans cette entente presque médiumnique entre les deux et cette fusion intime où le corps du bipède et celui du quadrupède finissent par se confondre, il n'y a ni exploit ni triomphe. Le vainqueur de Séoul, à qui la princesse Anne d'Angleterre remit la médaille d'or, s'appelle en vérité Pierre Durand de Jappeloup de Luze. Une double particule, somme toute.

Je me souviens aussi avoir éprouvé, ce 2 octobre 1988, un regret secret. Que cette finale nous ait privés d'un duel, au sommet, entre deux chevaux de légende : Jappeloup, le petit noir français, et Milton, le grand blanc anglais ; le malicieux à la robe d'ébène et le généreux aux reflets d'ivoire ; le rapide-comme-l'éclair, qui était virtuose dans les barrages, et le lord aux amples foulées, qui couvrait avec majesté les immenses spas. Car longtemps, de 1985 à 1991, le premier sous la selle de Pierre Durand, le second sous celle de John Whitaker (les deux cavaliers, fraternels, étant d'exacts contemporains), ils avaient concouru sur les terrains des plus grands championnats, d'Amsterdam à Bordeaux, de Bruxelles à Aix-la-Chapelle, de Stockholm à Rome, et s'étaient toujours disputé la première place, qu'ils semblaient s'échanger alternativement. Mais voilà, Milton, 1 m 82 au garrot, ne fut pas sélectionné pour les Jeux de Séoul, et Jappeloup partit sur la piste olympique sans son meilleur rival. Sans notre plus beau spectacle.

Je me souviens enfin, devant le poste de télévision où je regardais le parcours éloquent et sans faute de Pierre Durand, de mon excessive et paradoxale exaltation, accompagnant depuis mon fauteuil chaque saut d'un haussement du bassin et d'une légère inclinaison du buste. Pourquoi, alors que les Olympiades m'indifféraient et que j'en avais ignoré toutes les épreuves, n'aurais-je manqué pour rien au monde cette finale de CSO ? Je ne sais trop. L'intuition, peut-être, d'une réconciliation prochaine. Un préambule à ma nouvelle vie. À l'automne 1988, j'avais trente ans et des poussières. Je n'avais pas encore renoué avec les chevaux. Je ne pouvais pas oublier ce trotteur dément qui, en forêt, avait tué mon jeune père.

J'ai raconté ailleurs comment, peu de temps après ces Jeux olympiques, je suis pourtant devenu cavalier et à mon tour tombé amoureux d'un trotteur, Eaubac, sur le dos duquel j'ai rêvé mes premiers livres et avec lequel j'ai participé à de nombreux concours hippiques. Mon père mort m'avait transmis sa dévorante passion, et je le faisais revivre chaque jour en galopant sur ses traces, à ses côtés, dans son ombre portée. Le cheval, qui nous avait séparés, nous accordait et nous couplait. La rancune avait laissé place à la gratitude.

Je viens de revoir l'émouvante archive jaunie, commentée en néerlandais, du parcours éclatant de Jappeloup, et voici que je trouve à Pierre Durand, coiffé de cette bombe de velours noir sans attache qui ne protégeait pas des chocs et que les cavaliers ont portée jusqu'aux années 1990, le profil élégant et sévère de mon père éditeur, ce cavalier sans médaille auquel, enfant, jumeau solitaire, derrière la lice de la carrière des Yvelines où il montait et où je l'admirais, je voulais donner du panache. Un panache olympique.

Sauter de joie

Larry Tremblay

Je me souviens que ma sœur a pris une photo de moi avec en arrière-plan le stade olympique de Montréal. Le lendemain, ratant l'ouverture des Jeux, je m'envolais pour l'Inde suivre une formation de kathakali, théâtre dansé du Kerala. Avant mon départ, je tenais au moins à me rendre au Parc olympique voir de mes yeux le gigantesque vaisseau de béton dont tout le monde parlait. Sa conception avait provoqué une vague d'hostilités, sa construction, multiplié les controverses. Des rumeurs de malversations et de corruption donnaient raison à ceux qui prédisaient que le Québec allait se retrouver avec un éléphant blanc dont les générations futures auraient à supporter l'obésité galopante. Ces oiseaux de mauvais augure n'ont pas eu tout à fait tort. Les 240 millions prévus finiront par atteindre les 3 milliards. Au fil des saisons, les journaux feront leurs choux gras des mésaventures de son toit rétractable : seize mille trous ont déchiré sa membrane, recouverts par autant de rustines. Trente-quatre ans après sa sortie de terre, son architecte Roger Taillibert publiait *Stade olympique de Montréal, mythes et scandales*, question de défendre l'œuvre qui lui avait demandé le plus d'acharnement et procuré le plus de fierté.

Du haut des airs, en ce jour de juillet 1976, je jette un regard ébahi en apercevant derrière le hublot cet étincelant coquillage blanc, échoué désormais sur l'île de Montréal. Malgré ses déboires, le stade allait devenir le symbole de la métropole, déployant dans le ciel la plus haute tour penchée du monde.

En transit à Heathrow, attendant mon vol pour Delhi, j'entre dans un pub de l'aéroport. Je commande une bière. Victime du décalage horaire, je m'endors sur ma chaise avant de vider mon verre. Le son de la télé me réveille en sursaut, un employé ayant monté le volume sans ménagement. Je lève la tête vers l'écran et je tombe sur la reine d'Angleterre proclamant l'ouverture des Jeux de la XXIe Olympiade de l'ère moderne. Élisabeth II, vêtue de rose, gantée de blanc, flanquée d'officiels et de son mari, esquisse à peine un sourire de satisfaction. Avec un pincement au cœur, je me rapproche de la télé comme si je réduisais la distance qui me sépare de Montréal. Je me sens tout à coup très loin de chez moi. Quelques heures plus tôt, je me trouvais à l'ombre de ce stade où en ce moment des milliers de spectateurs applaudissent l'entrée des athlètes. Je commande une autre bière pour oublier cette bouffée de nostalgie et me concentre sur les commentaires des analystes de la BBC. Pendant que parade la délégation du Maroc, un commentateur mentionne que les Jeux de Montréal ont été boycottés, j'en suis étonné. J'apprends qu'une équipe de rugby de la Nouvelle-Zélande a participé à une tournée en Afrique du Sud, pays exclu du mouvement olympique en raison de sa politique de ségrégation raciale. Vingt-deux nations africaines ont

déclaré forfait pour protester contre la présence de la Nouvelle-Zélande à ces Jeux.
Lors des prochains Jeux en 1980, ce sera au tour de Moscou d'être boycotté, à l'initiative des États-Unis qui font pression auprès de leurs alliés pour protester contre l'invasion par la Russie de l'Afghanistan. Quarante-deux ans plus tard, faisant preuve d'une belle constance dans la suite de ses idées, la Russie envahit l'Ukraine. L'ombre d'un autre boycott se profile : l'exclusion des sportifs russes et biélorusses des Jeux de Paris. Vu la dégradation du monde actuel, difficile de dissocier politique et sport olympique, tentaculaire entreprise d'affirmation nationale, ce qui me ramène en 1976 et à la télé de mon pub anglais où, envahi par une soudaine fibre patriotique, des larmes me viennent aux yeux à l'apparition triomphale des athlètes canadiens dans le stade, habillés de blanc et de rouge, couleurs du drapeau national. J'ai honte de mes larmes que je ressens comme une petite traîtrise, moi qui rêve d'un Québec souverain, séparé du Canada, du Commonwealth et de sa reine. Aurais-je succombé à la fièvre olympique et à ses chimères ? On annonce le départ de mon vol pour la troisième fois. Je m'arrache à contrecœur de l'écran et prends mes jambes à mon cou jusqu'à la porte d'embarquement.
À Delhi, dès que je sors de l'avion et pose le pied sur le sol de l'Inde, je ne suis déjà plus la même personne. Montréal et ses Jeux olympiques s'évanouissent dans la chaleur écrasante qui me tombe dessus. Je la traverse comme une vapeur bienfaisante qui me nettoie de mes contradictions, de mes appréhensions. Je viens de chuter dans le présent indien, emporté par un

tourbillon d'odeurs, de couleurs et par la foule virevoltante. Il n'y a qu'ici qu'on peut voir une vache brouter du papier journal sur le tarmac. Ça me rend heureux sans que je sente le besoin de savoir pourquoi.

Je me rends au *Youth Center* – un fantôme d'auberge de jeunesse –, situé en périphérie de la ville, mes maigres finances de jeune acteur ne me permettent pas de loger à l'hôtel. J'ai l'intention de n'y passer que deux nuits, pressé d'entreprendre en train mon long périple vers le Sud. J'ai hâte de rejoindre le village de Cheruthuruthy où, au milieu des bananiers et des palmiers, a surgi comme un miracle l'Académie des arts du Kerala, le *Kalamandalam.* J'y étais de passage l'an dernier alors que je terminais une tournée théâtrale. Son directeur m'avait invité à assister à une démonstration de kathakali. Coup de cœur foudroyant. Je décide sur-le-champ de me consacrer à cette forme de théâtre codifié, exigeant des années de travail ardu pour le maîtriser. De retour au Québec, je ne pense qu'à ça : trouver l'argent qui me permettra de débuter sérieusement ma formation au *Kalamandalam*. Et voilà que j'y suis presque !

Je dépose mes valises dans le dortoir pour hommes du *Youth Center,* endroit suffocant malgré le ventilateur qui fait encore plus de bruit que de vent. Une allée étroite sépare deux rangées de lits superposés. Le plancher est encombré de sacs à dos, délaissés par leurs propriétaires en train de se perdre, j'imagine, dans le labyrinthe du Vieux Delhi ou de gravir les trois cent soixante-dix-neuf marches du Qûtb Minâr, ce que je me propose de faire après avoir pris une douche. Mais avant, je choisis un lit, m'étends quelques secondes,

cesse aussitôt d'exister, avalé tout rond par un sommeil de plomb.
Un cri déchirant me réveille. J'ouvre les yeux, je me demande si je ne suis pas en train de rêver : assis sur le lit supérieur voisin, les jambes pendantes, un jeune homme enlève ses lunettes dégoulinant de sang. Un large morceau de son cuir chevelu se soulève comme une main qui veut attirer l'attention, mettant son crâne à nu. Je comprends que la pale du ventilateur a failli le décapiter. Je l'aide à descendre du lit. Le sang se met à jaillir de sa blessure comme un jet de fontaine. Paniqué, j'enlève mon tee-shirt, l'enroule comme je peux autour de sa tête. J'appelle à l'aide. Un employé se précipite pour trouver un rickshaw. Il faut emmener d'urgence le blessé à l'hôpital. Deux chauffeurs se présentent en même temps à l'entrée du *Youth Center*. Pendant que mon tee-shirt se gorge de sang et que le pauvre scalpé chancelle sous ses jambes, les deux hommes se disputent pour savoir qui a la priorité. Désespéré, je cours dans la rue et, au risque de me faire rouler dessus, j'alpague un troisième rickshaw.
Cinq heures plus tard, je reviens au *Youth Center* avec Timothy, la peau du crâne décorée de neuf points de suture, et moi, toujours me baladant torse nu. Rassurés sur la bénignité de sa blessure, nous partageons une soupe aux tomates trop poivrée et des chapatis. Le soir tombe, trop tard pour le Qûtb Minâr. Nous explorons le quartier alentour, fumons des bidis en buvant du thé acheté au coin d'une rue. Timothy vit à Londres, voyage en Inde pour oublier un amour malheureux. J'insiste pour obtenir des détails, il me parle de ses études en anthropologie, abandonnées pour l'instant. Au fil de la

conversation qui s'anime après notre deuxième thé, je lui mentionne que j'habite Montréal. Il a l'air surpris, amusé ou intrigué, je ne sais trop. Je lui demande de m'expliquer sa réaction. Il me raconte alors ce qui s'est passé tout à l'heure dans le dortoir. Assis sur son lit, il écoutait sur sa petite radio à ondes courtes le bulletin de nouvelles de la BBC – décidément, la BBC ne me lâche plus dans cette histoire – quand il entend le présentateur rapporter la grande nouvelle du jour avec dans la voix un trémolo qui détonne de son habituel flegme britannique : une gymnaste roumaine obtient à Montréal la première note parfaite de toute l'histoire des Jeux olympiques : un 10/10.

Un frisson parcourt Timothy de la tête aux pieds. Il se demande ce qu'il lui arrive. Voilà que ses yeux se mouillent. Avant qu'il s'en rende compte, il est debout sur le lit, oubliant où il se trouve, prêt à exprimer au monde entier ce sentiment de victoire qui ne lui appartient en aucune façon mais qui s'est emparé mystérieusement de son corps. Le ventilateur, tout à sa routine, impassible devant les exploits de ce monde et les émotions qu'ils suscitent, tranche net cette effusion inopinée.

C'est ainsi que j'ai entendu parler pour la première fois de Nadia Comăneci. Dans le train qui me rapproche du Kerala, je repense à Timothy. Faut-il être de la même couleur de peau, du même sexe, parler la même langue, arborer le même drapeau, prier le même dieu, pour sauter de joie devant la performance d'une parfaite inconnue ayant obtenu la note parfaite ?

Mais ce soir-là

François-Henri Désérable

Je me souviens d'une flamme.
Oui, c'est d'une flamme
que je me souviens.
Une flamme allumée le 19 juillet 1996,
dans le ciel d'Atlanta.

Régulièrement la question revient, les paris sont ouverts : qui sera le dernier relayeur ? Qui aura le suprême honneur d'embraser la vasque olympique ? Quatre ans plus tôt, les Jeux de Barcelone avaient déjoué les pronostics. On attendait une gloire du sport espagnol, Juan Antonio San Epifanio par exemple. Mais après un demi-tour de piste, le basketteur avait tendu la torche à un homme inconnu du public, un homme blanc tout en blanc – pantalon blanc, tee-shirt blanc, chaussures blanches – qui se tenait au milieu du stade olympique, un arc entre les mains. Alors on avait vu Antonio Rebollo, c'est son nom, effectuer un demi-tour sur lui-même, bander son arc, retenir son souffle, et décocher une flèche enflammée vers la vasque.
Pour les Jeux d'Atlanta, les parieurs avaient misé sur le champion des poids lourds Evander Holyfield : il présentait le double avantage d'être un gars du coin (il avait grandi dans les faubourgs d'Atlanta), et d'avoir

participé aux Jeux olympiques (médaillé de bronze à Los Angeles en 1984). Ça serait lui, aucun doute, ça ne pouvait être que lui, le dernier relayeur. La cérémonie d'ouverture touchant à sa fin, personne ne fut surpris de voir Evander Holyfield sortir des entrailles du stade olympique, torche à la main. On ne fut pas non plus surpris quand il fut rejoint par la Grecque Voula Patoulidou : c'étaient les Jeux du centenaire, et les organisateurs avaient tenu à marquer le coup en associant les États-Unis à la Grèce. Holyfield et Patoulidou se partagèrent le flambeau, trottant à petites foulées jusqu'à la vasque, non, pas jusqu'à la vasque, jusqu'à, ô surprise, Janet Evans. Après tout pourquoi pas : quatre médailles d'or avec quelques records du monde à la clé, la nageuse américaine avait bien mérité de l'allumer, cette flamme olympique. Elle fit un demi-tour de piste avant de se diriger vers une rampe à l'extrême nord du stade et de s'immobiliser devant un couloir où l'on vit apparaître un homme noir tout en blanc, tee-shirt blanc, pantalon blanc, chaussures blanches : il avait décroché une médaille d'or aux Jeux de Rome, trente-six ans plus tôt.

Trente-six ans plus tôt l'histoire commence dans les airs. Dans les airs où *no way*, je n'irai pas, dit Cassius Clay, dix-huit ans, qui sait déjà ce qu'il veut, et prendre l'avion pas question, il ne veut pas. S'il le faut je prendrai le bateau puis le train mais l'avion, non. On lui répond que les Jeux olympiques sont à Rome, et que si tous les chemins mènent à Rome il n'y a pas trente-six moyens de s'y rendre : « Ou bien c'est l'avion, ou bien les JO te passeront sous le nez – ce qui, ajoute-t-on, serait dommage : une médaille t'y attend. »

C'est d'accord, j'irai, finit par lâcher le jeune Clay. Puis il achète un parachute qu'il portera sur lui tout au long du voyage, voyage qu'il passera une bible à la main. Finalement le vol se déroule plutôt bien, et c'est assez tranquillement qu'on aborde la descente vers l'aéroport de Fiumicino, spécialement construit pour l'occasion. La température au sol est de trente-six degrés, nous vous invitons à regagner votre siège, à relever votre tablette, à vous assurer que vos bagages à main sont situés dans les compartiments prévus à cet effet, désarmement des toboggans, vérification de la porte opposée, *Benvenuto a Roma*.
Le vendredi 25 août 1960, jour de la cérémonie d'ouverture, devant un peu moins de cent mille personnes défilent un peu plus de cinq mille athlètes parmi lesquels Abebe Bikila, un Éthiopien aux pieds nus dont nous aurions volontiers raconté l'histoire, la naissance au fin fond de la brousse, l'enrôlement dans la Garde impériale du Seigneur des Seigneurs Haïlé Sélassié, la sélection *in extremis* pour l'épreuve du marathon qu'il remporte sans chaussures, mais nous manquons de place et là n'est pas le sujet.
Le sujet est américain, il a peur de l'avion mais sinon, il n'a vraiment peur de rien – pas même du boxeur polonais qu'il retrouve en finale. À regarder son jeu de jambes, son sens de l'esquive, la façon dont il sautille et gambade sur le ring les bras le long du corps, on a presque envie de lui mettre un tutu. Alors bien sûr, de temps en temps il faut frapper donc il frappe, envoie des crochets du droit à vous décrocher la mâchoire, et voilà Cassius Clay sur la plus haute marche du podium, où on lui passe autour du cou une médaille olympique.

La médaille est en or. Sur l'avers, on voit un athlète torse nu porté en triomphe par la foule. En exergue, gravé circulairement, en lettres capitales, le mot *boxe* en italien : PUGILATO. Sur le revers, drapée d'une antique *stola*, l'allégorie de la Victoire tient dans la main gauche une palme et brandit dans la droite une couronne de laurier, avec en arrière-plan cette inscription sur fond de Colisée : *Giochi della XVII Olimpiade Roma MCMLX*. Cette médaille, on la lui passe donc autour du cou, mais c'est à peine s'il esquisse un sourire. *Job is done*. Maintenant, il va falloir reprendre l'avion. Il va falloir rentrer au pays.
Le pays c'est les États-Unis d'Amérique, et pire que les États-Unis d'Amérique : le sud des États-Unis d'Amérique. Partout ailleurs on l'aurait porté en triomphe, mais pas chez lui, pas dans le sud des États-Unis d'Amérique, pas dans les années 1960 où médaillé olympique ou pas un Noir est un nègre. C'est ce que vont s'employer à lui rappeler un groupe de motards, avec peau blanche et cheveux longs, blousons de cuir et tatouages, insultes et crachats. Et Cassius Clay a beau n'avoir peur de rien sinon de l'avion, il a beau savoir avec les armes de tout le monde (ses deux poings) se battre comme personne, tout seul contre dix il n'y a rien d'autre à faire que de prendre la fuite, alors il fuit, rentre chez lui puis ressort dans la nuit, jusqu'à un pont où sa médaille olympique, il la jette au fond de la rivière Ohio.
La suite est connue, elle fait partie de la légende. On sait comment il délaissa ce nom de Clay, « un nom d'esclave », un nom dont l'écho se mêlait à celui des coups de fouet dans les plantations de canne à sucre

et les champs de coton ; on sait comment il devint Mohamed X puis Mohamed Ali ; on sait son abandon du Jésus blanc aux cheveux blonds, sa conversion à l'islam, son refus de servir au Viêt Nam, ses combats dans les prétoires et ses combats sur le ring, contre la Cour suprême des États-Unis d'Amérique, contre Liston, contre Frazier, contre Foreman, le *Rumble in the Jungle,* le *Thrilla in Manila.* On sait qu'il tomba malade, Parkinson, et comment celui qui s'autoproclamait « le Plus Grand », *the Greatest,* et qui volait comme le papillon, et qui piquait comme l'abeille, et qui prétendait s'être déjà battu contre un alligator, et avoir lutté avec une baleine, et tué un rocher, et blessé une pierre, et envoyé une brique à l'hôpital, comment celui que la boxe avait élevé au rang de demi-dieu n'était plus qu'un homme, au sens sartrien du terme : un homme fait de tous les hommes et qui les valait tous et que valait n'importe qui. Un homme de cinquante-quatre ans à la démarche hésitante, qui ne pouvait plus parler, et dont la main tremblait.

Mais ce soir-là,
ce soir du 19 juillet 1996 au stade olympique,
au moment de serrer la torche,
le temps d'embraser le ciel d'Atlanta
sa main cessa de trembler.

Baisser la tête pour mieux la relever

ÉVELYNE BLOCH-DANO

Je me souviens de l'année 1956. Pourquoi est-elle restée dans ma mémoire ? Peut-être à cause du froid polaire du mois de février, le plus glacial du XXe siècle, de la neige qui s'amoncelait dans les rues de Paris, de la porte de Champerret devenue silencieuse, du petit radiateur électrique branché dans le séjour qui dégageait une odeur métallique. Un mois entier de températures négatives, des chutes nocturnes à moins quinze degrés, la Seine prise par les glaces, les arbres du jardinet de l'immeuble blancs de givre, les congères de chaque côté de la rue Jean-Moréas. La 4 CV du voisin qui nous conduisait à l'école le matin ne démarrait pas. Le pare-brise était gelé, les essuie-glaces restaient bloqués. À chaque tour de la clé, j'espérais le démarrage du moteur. L'heure tournait, j'avais peur d'arriver en retard. Dans la voiture, le froid me saisissait les pieds malgré mes snow-boots et les chaussettes en laine tricotées par ma mère.

Je suis alors une petite fille, j'adore Mme Respaud, ma maîtresse d'école, c'est une année en noir et blanc comme la télévision que regardent mes parents le soir. Sur le petit écran, les champions lèvent les bras dans la grisaille et les parasites. Pourtant, les Jeux d'été de Melbourne se déroulent pour la première fois dans l'hémisphère Sud, d'abord dans le froid et sous la pluie puis, le jour du marathon, sous un soleil de plomb. Je trouve extraordinaire cette inversion des saisons à laquelle je ne comprends rien. J'entends pour la première fois le nom de Mimoun. Il a gagné l'épreuve reine des Olympiades grecques, celle qui clôture les Jeux, le marathon. Mais la course ne m'intéresse pas. Les sportifs que je connais sont coureurs cyclistes – on joue aux billes en plaçant des figurines Mokarex à l'effigie de Fausto Coppi, Louison Bobet, Charly Gaul, André Darrigade. Ou bien footballeurs, Raymond Kopa, Just Fontaine, Roger Piantoni parce que mes parents ne ratent pas un match à la télé et hurlent en chœur à chaque but – ma mère aurait voulu jouer au foot mais ce n'était pas pour les filles à l'époque. Le dimanche (ou le samedi ?), on entend sous les fenêtres de notre quatrième étage les appels pour les bus qui conduisent les spectateurs au stade : « Colombes Colombes Colombes ! » Mon père m'y emmène une fois. Nous sommes assis sur les gradins et nous suivons les courses. Alain Mimoun est là. Mon père me le désigne du doigt mais je ne suis pas sûre de le distinguer des autres coureurs. Est-ce bien lui ? Le bonheur, c'est juste d'être assise sur les gradins avec mon papa. Totale fierté.

L'époque était sombre. Les guerres succédaient aux crises. En mars, l'Assemblée nationale avait voté les pouvoirs spéciaux au gouvernement de Guy Mollet pour gérer la situation en Algérie. Le mois suivant, plus de cent mille réservistes avaient été appelés, portant l'effectif des troupes françaises sur le terrain à 400 000 hommes placés en novembre sous le

commandement du général Salan. Attentats, représailles, attentats, représailles. Arrestation de Ben Bella et des dirigeants du FLN.
Fin octobre débute aussi l'insurrection de Budapest, rapidement écrasée dans le sang par les chars soviétiques, faisant des milliers de morts et des centaines de milliers d'exilés. Une manifestation contre le Parti communiste à Paris fera des blessés et trois morts.
Ce n'est pas tout. Quelques jours plus tôt, à la suite de la nationalisation en juillet du canal de Suez par Nasser, un accord entre France, Grande-Bretagne et Israël a été passé. L'« affaire » de Suez éclate et malgré la défaite militaire des Égyptiens, les alliés sont forcés de battre en retraite sous la pression des États-Unis et de l'URSS. Les biens des ressortissants français et anglais en Égypte sont confisqués, les Juifs expulsés.
C'est donc dans un contexte international tendu que vont se dérouler les Jeux de Melbourne, du 22 novembre au 8 décembre 1956. Et malgré la distance géographique, malgré l'objurgation du président du CIO rappelant que « les Jeux sont une compétition entre individus et pas entre nations », certains pays, l'Espagne, les Pays-Bas et la Suisse, décident de boycotter l'événement afin de protester contre l'intervention de l'URSS en Hongrie. D'autres, l'Égypte, l'Irak et le Liban s'abstiennent de la même manière afin de dénoncer la participation d'Israël. Pareil pour la Chine qui refuse de côtoyer Taïwan. Néanmoins soixante-sept pays rallient Melbourne.
Alain Mimoun est déjà très connu, non seulement en France où il a été élu « champion des champions français » par *L'Équipe* mais dans le monde. Médaille

d'argent du 10 000 mètres aux Jeux de Londres, puis à nouveau du 10 000 et du 5 000 mètres à Helsinki. À chaque fois, il est devancé par le Tchécoslovaque Emil Zátopek, surnommé la « locomotive humaine ». Mimoun est le Poulidor de Zátopek. Ils se sont rencontrés en 1948 (ou, selon d'autres sources, l'année précédente à Prague) et sont devenus d'emblée amis. « On s'aimait comme deux amoureux », confie Mimoun, désarmant. L'histoire de chacun incarne à la perfection celle de son pays, avec ses drames et ses drapeaux. Le personnage romanesque, c'est Emil, au style désarticulé, au visage grimaçant, à la gentillesse confondante, aux performances extraordinaires, au destin bousculé par l'histoire politique. Jean Echenoz lui a consacré un roman, je dirais « parfait » si ce mot n'était pas absurde. *Courir* dit tout, mieux qu'une biographie, un livre tendre, incisif, ironique, tragique. Il raconte l'homme mais aussi l'époque. Donc lisez-le si vous oulez savoir qui était Emil Zátopek.

Alain Mimoun voue une admiration éperdue à son copain, il le voit comme un héros, on a l'impression qu'à côté de lui, il se sent un peu fruste. Zátopek est officier, « je suis un homme simple », répète Mimoun, oubliant qu'Emil a grandi lui aussi dans la pauvreté et s'est donné du mal, à l'époque il payait ses études en travaillant parallèlement chez Bata, une usine de chaussures. Et comme le monde entier partage son admiration, que Zátopek a cumulé trois médailles d'or lors des Jeux précédents (sur 5 000 et 10 000 mètres et au marathon), qu'avec lui les meilleurs chronomètres tombent comme des mouches (dix-huit records du monde battus), qu'il paraît invincible, on doute de la performance de Mimoun. Prudent, celui-ci répond : « Je ne promets rien. Je ferai juste mon possible pour aller au bout. » Il détient les meilleures performances françaises dans toutes les disciplines de fond, y compris celles de l'heure et des 20 kilomètres, mais il n'est pas un spécialiste du marathon.

Moi non plus, c'est le moins qu'on puisse dire ! Je ne cours jamais, même pour attraper l'autobus. J'attends le suivant. Quand nous avions des épreuves de vitesse au lycée, je me prenais les pieds dans les starting-blocks. J'aimais grimper et sauter, la gymnastique et les barres asymétriques mais pas courir. Durant les tours de piste, je ralentissais dès que le prof avait le dos tourné. Je suis rebelle à l'effort physique. Je crois que c'est pour cette raison que j'admire à ce point les sportifs dont la discipline repose sur l'effort prolongé et la souffrance. Certains cyclistes avouent aimer se faire mal. C'est le prix à payer pour la victoire, pas certaine pour autant. Car à la souffrance, il faut ajouter la compétition. La gagne. Le désir, devenu le besoin, d'être le premier, le meilleur. Ça je connais un peu : il n'aurait pas fallu qu'une autre élève me passe devant chez Mme Respaud. C'est arrivé une fois. J'ai pleuré. Dans la course (cycliste, à pied ou en voiture), la victoire est incontestable. La ligne d'arrivée et le chrono ne se trompent pas. Vous êtes le premier ou pas. La plus haute marche du podium. Le drapeau. L'hymne. L'incarnation. On se mesure à quelque chose qui vous dépasse, de plus grand que soi.

Il me semble que, derrière la modestie apparente d'Alain Mimoun (« je ferai mon possible »), c'est cela qui se profile. L'important est le mot *possible*. « Baisse la tête, t'auras l'air d'un coureur ! » disait-on dans ma jeunesse. Ou bien « Vas-y Mimoun ! » à quelqu'un qui courait derrière son chapeau emporté par le vent. Baisser la tête pour mieux la relever. Voilà ce que va faire Mimoun.

Mimoun : en arabe, celui qui a de la chance. Si l'on en croit le coureur, avant même sa naissance, il est placé sous ce signe. Ali Mimoun Ould Kacha est né en Algérie, à Maïder, au Telagh, dans l'ancien département d'Oran. Son père est saisonnier. Enceinte, sa mère a fait un rêve prémonitoire : son fils deviendra « quelqu'un ». Autrement dit, non seulement il échappera à la pauvreté mais il se distinguera. Comment ? On ne le sait pas encore. Elle rêve pour lui d'une carrière d'instituteur. Bon élève, titulaire du certificat d'études à onze ans, il se voit pourtant refuser une bourse pour continuer ses études, contrairement aux enfants de colons. Il annonce qu'il ira en France pour connaître « la mère patrie » car « l'Algérie, c'est une colonie, ce n'est pas la vraie France ». Il s'engage à dix-huit ans dans le 6e régiment de tirailleurs algériens et est envoyé au début de la guerre à la frontière belge. En 1940, son régiment est cantonné à Bourg-en-Bresse où il participe un peu par hasard à une course à pied, sans équipement. L'entraîneur le remarque, l'encourage, le forme. Mimoun gagne un 1 500 mètres lors d'un championnat de l'Ain. C'est « le souffle de Dieu », il a le don. Retour en Algérie, au 19e régiment du Génie, rude campagne de Tunisie, puis en 1944, il participe à la campagne d'Italie avec le Corps expéditionnaire français commandé par le maréchal Juin. Gravement blessé lors de la bataille du Monte Cassino, il risque l'amputation de la jambe gauche. Sauvé, il participe au débarquement de Provence. « La destinée voulait que je sois encore vivant. » « Plus français que les Français », il a donné sept ans de sa vie à la défense de son pays. Ses qualités d'athlète sont connues. Après la guerre, le Racing Club de France l'engage et lui trouve une place de garçon de café et un petit appartement à Paris. Les courses s'enchaînent.

Les événements d'Algérie le déchirent. Sa famille y vit toujours mais il vénère de Gaulle, il s'est battu pour la France, il lui a tout donné. Il refuse de prendre parti ; pour les Algériens, cela revient à prendre parti. Mais d'un autre côté, on le traite d'« arabe », de « bicot » et, aux yeux de certains, son origine le met à part, tel ce masseur qui refuse de s'occuper de lui. Fier et colérique, il n'hésite pas à se bagarrer. Sa rancune reste entière. Sa fidélité au pays qui l'a accueilli aussi. En 1963, après les accords d'Évian, il signera sa « reconnaissance de la nationalité française ». Il ne retournera en Algérie qu'en 1988 pour voir sa mère.

Il n'est pas de héros sans légende. Alain Mimoun vit et construit la sienne au fil des victoires. Dans son ciel, les signes se multiplient. Il y lit son destin. « On est déjà champion olympique dans le ventre de sa mère », affirme-t-il, rappelant le rêve maternel. En 1955, souffrant d'une sciatique récalcitrante, il se rend à Lisieux sur le conseil d'un ami. Illumination, larmes. Il en ressort guéri et catholique. En juin 1956, il se marie avec Germaine. La veille du marathon fixé au 1er décembre, il apprend la naissance de sa fille. La course débute à 15 h 13 et il porte le dossard 13. Il fait une chaleur d'enfer, Mimoun porte sur la tête un mouchoir de sa femme noué aux quatre coins. Il court, il court. Il prie en courant. Il court, il court de sa foulée économe. Son principal adversaire, Zátopek, fraîchement opéré d'une hernie, renonce au 5 000 et au 10 000 mais il est sérieusement diminué. « Méfie-toi des Russes, méfie-toi des Russes », conseille-t-il à son ami : Kuts vient de faire voler en éclats son propre record du monde sur 10 000 mètres.

Les reportages montrent Alain Mimoun, avec son petit short, son maillot noir, son mouchoir sur la tête, sa moustache : des images d'une autre époque. Il a trente-cinq ans, c'est déjà âgé pour ce niveau de compétition. Jusqu'à la fin de sa vie, il racontera sa course d'anthologie kilomètre par kilomètre. Le moment où il lâche les uns après les autres ses concurrents, la fatigue, la déshydratation (« mais je ne voulais pas m'arrêter pour boire »), les encouragements de la foule australienne (« *you're good, you're good* »), la course en tête, seul, sans se retourner, le mouchoir qu'il arrache, les insultes qu'il se prodigue pour se forcer à continuer, à accélérer la cadence quand il voit le mât du stade olympique distant de trois kilomètres. Les acclamations des cent vingt mille personnes dans le stade, et l'arrivée, épuisé. Les images les plus émouvantes captent le moment où il guette celle d'Emil. Celui-ci n'est pas deuxième, ni troisième, ni quatrième – mais où est passé Emil ? –, ni cinquième. Mais sixième, au bord de l'évanouissement. « Tu ne me félicites pas, Emil ? » demande Mimoun à son copain qui ignore sa victoire. Alors le grand Zátopek retire sa casquette légendaire et se met au garde-à-vous : « Alain, je suis heureux pour toi. » Quelle classe !

Mimoun, lui, est porté en triomphe par ses supporters à sa descente d'avion. Quelque chose en lui s'est accompli. Il est à nouveau élu champion des champions.

Il se retire de la compétition à quarante-six ans après avoir été une fois de plus sacré champion de France. À Bugeat, en Corrèze d'où est originaire son épouse, il crée le Centre d'entraînement des 1000 Sources. C'est là que Mohamed Amaarouk, dit Mémède, alors jeune coureur, fait sa connaissance. Il n'est pas de légende sans récit, ni de médaille sans revers. Nous nous rencontrons dans un café de la porte de Champerret avant la séance d'entraînement qu'il dirige au stade de Levallois. Avec finesse et lucidité, Mémède me trace le portrait en demi-teinte d'un Mimoun devenu gloire nationale (sept présidents de la République salueront son talent) et entretenant sa légende avec soin, jouant son personnage, répétant les mêmes anecdotes au mot près et savourant l'admiration qu'on lui porte. Un malin : « On s'entraînait avec lui mais pas question de le dépasser : c'était Mimoun et ses coureurs ! »

Pour être un grand champion, il faut être intelligent, déclare Mémède. Connaître non seulement son corps, mais aussi ses ressources psychiques, sa force morale. Avoir une hygiène de vie impeccable. Tel est Mimoun : une discipline forgée sur les champs de bataille et les pistes de stade, un caractère indomptable, un ego et un courage surdimensionnés, la certitude aussi que la France lui doit bien les hommages qu'elle lui rend et, à force de drapeaux et de Marseillaises, le sentiment d'être lui-même devenu un héros, comme Jeanne d'Arc ou le chevalier Bayard qu'il admirait enfant au Telagh.

À sa mort, à quatre-vingt-douze ans, juste retour des choses, un hommage national lui sera rendu dans la cour des Invalides par le président Hollande.
Alain Mimoun a été quatre fois médaillé olympique, quatre fois champion du monde de cross-country, trente-deux fois champion de France. Aujourd'hui, cinquante-cinq stades portent son nom. Et chaque année, les marathons qu'il a contribué à populariser en France font de nouveaux adeptes. Sans moi.

À cause de ce fichu bras

François-Guillaume Lorrain

Je me souviens que mon père ne voulait pas que je regarde les Jeux olympiques de Moscou. Interdiction d'allumer la télé pour les Jeux de ces sales « cocos ». Chez nous, ça boycottait dur, aussi dur que les Américains, nos libérateurs. Quand il avait appris que les Français envoyaient leurs athlètes en URSS, il avait été pris d'une sainte colère. L'Afghanistan ne leur a donc pas suffi, il faut encore qu'on se couche devant Brejnev, quand les chars russes défileront sur les Champs, on en reparlera, quand les chenilles écraseront nos pavés, il sera bien question de médailles ! Il s'imaginait Paris kaboulisée par des hordes de Cosaques. Un cauchemar rouge.

En attendant, j'avais l'oreille vissée au poste de radio. À dix ans, j'étais incollable. Thierry Rey, Philippe Riboud, Chantal Réga, José Marajo, Jean-Luc Rougé, Alain Bondue… Jeune bureaucrate du sport, je tenais mes fiches à jour. Je spéculais statistiquement sur nos chances de médailles hélas limitées malgré le nombre de pays absents. J'avais le sang bleu par nos champions. Je vibrais à la couleur, le maillot me flanquait des frissons patriotiques, vite dissipés par la réalité des terrains. Heureusement, il y avait nos perchistes. Les Français volants. Ils dominaient la discipline. Philippe Houvion venait d'effacer 5 m 77, nouveau record du monde chipé à son camarade Thierry Vigneron. Comme les Trois Mousquetaires, ces as de la perche étaient quatre : Houvion, Vigneron, Bellot, Abada. Sauf qu'à Moscou, ils n'avaient pu en emmener que trois, exit Abada, mais qu'importe, la victoire ne faisait pas un pli. Pourquoi les Français montaient si haut dans le ciel, mystère. J'ignorais comment on s'y prenait pour plier une perche, mais en France, visiblement, on avait trouvé le truc.

Nous étions le mercredi 30 juillet. Et le mercredi, mon père rentrait du travail assez tard pour que je me risque à allumer. Un œil sur l'écran, un autre sur la rampe qui menait au garage, je me suis mis à suivre la compétition que j'avais prise en route. Vigneron était déjà dans les choux, Bellot ne tenait plus qu'à un fil et Houvion était à l'agonie. En revanche, il y avait un frisé qui semblait bien s'amuser. Koza quelque chose. Au début, je n'ai pas compris son nom, mais comme le commentateur l'a répété en s'emmêlant dans les k et les z, il a fini par me rentrer dans la tête. Kozakiewicz. Avec un nom pareil, j'ai pensé qu'il était russe. Puis j'ai entendu les sifflets du public. Non, il n'était pas russe. Il a cessé de sourire et il s'est mis à défier du regard tous ces « Popov » – c'est mon père qui les appelait des « Popov » – comme pour leur dire, allez-y, sifflez-moi, je m'en fiche comme de ma première perche, parce que je suis un ange qui vole, un ange polonais, et dans la hiérarchie des anges, les Polonais sont au-dessus des Russes.

Mais il n'est pas devenu tout de suite un ange. Quand il s'est mis à courir sous la bronca, sa longue perche tendue devant lui, j'ai cru voir un chevalier qui s'en va transpercer l'ennemi de sa lance. Puis il y a eu le butoir : elle s'est fichée dedans, s'est tordue et l'élévation a débuté. Un mètre. Deux mètres. Trois mètres. Quatre mètres. Cinq mètres... Il n'en finissait pas de monter. Il s'est enroulé autour de la barre comme un serpent, l'a frôlée de son corps, une vraie caresse, et après s'être remis à l'endroit, il est resté un moment suspendu dans les airs, les bras écartés. Un ange en lévitation – s'il avait été russe, j'aurais dit un cosmonaute en gravitation. Un pur moment de grâce. Une apparition dans le ciel. Mais le miracle n'a pas duré, il a bien fallu redescendre vers le matelas, rebondir dessus comme sur un trampoline, et c'est là qu'il a eu ce geste des bras.

J'ai pensé qu'il voulait juste exhiber ses muscles – comme Monsieur Propre dans la publicité à la télé – pour montrer qu'il était le plus fort, que c'était à la force de ses biceps qu'il avait passé cette barre. Mais non, son bras droit a formé un angle droit avec le bras gauche, ils se sont encastrés l'un dans l'autre, ce qui a donné ce qu'à dix ans, je savais déjà nommer : un bras d'honneur. Le ralenti a dissipé tous les doutes.

J'ai remarqué le regard noir que le sauteur habillé en rouge, un vrai Popov celui-là, du nom de Volkov, a lancé à Koza quand il a franchi la barre suivante. Il en a franchi une autre encore, si bien qu'il a fini par battre le record du monde. Houvion, très fair-play, est venu le féliciter. Bien sûr, j'étais déçu pour lui et pour les autres Français. Mais ils avaient été battus par plus fort qu'eux, par un athlète qui venait de battre aussi soixante-dix mille personnes. Tout seul avec sa perche,

son short et sa volonté, il leur avait dit d'aller se faire foutre.
J'étais tellement enthousiaste que j'en avais oublié la rampe du garage. Je me suis dépêché d'éteindre, certain que mon père aurait bien aimé ce Kozakiewicz qui venait de clouer le bec aux « Popov ». Il en aurait probablement fait un de ses héros. Mais comment lui dire ? Je n'ai pas osé. Enfermé dans ma chambre, je me suis contenté de m'entraîner à faire des bras d'honneur ; c'était plus facile que de sauter à la perche.
Par la suite, je ne me souviens pas lui avoir parlé de ce Kozakiewicz. Mais chaque fois qu'il me critiquait ou qu'il cherchait à me décourager, je repensais à Koza en rêvant moi aussi de lui faire un jour un beau bras d'honneur. Bien plus tard, après sa mort, j'ai commencé à m'intéresser à ce geste. À mes yeux, il n'était que la réaction spontanée d'un homme qui n'avait pas supporté le manque de sportivité du public. C'est à ce public seulement qu'il avait fait un bras d'honneur, non à l'URSS.
Mais tout le monde n'était pas de cet avis. Très vite, on s'était mis à parler politique. L'ambassadeur de Russie en Pologne avait exigé que sa médaille lui soit retirée. La Fédération polonaise d'athlétisme était bien embarrassée. Car l'URSS était le grand frère. Kozakiewicz avait eu un spasme musculaire, a-t-elle répondu. Et quand Koza a été de retour en Pologne, où le mouvement Solidarność prenait son envol, on l'arrêtait dans la rue pour qu'il refasse son bras d'honneur. Et il le refaisait. Il en faisait à la chaîne, il était devenu un vrai Stakhanov du bras. Ce qui comptait désormais, c'était moins sa victoire que ce défi lancé à Moscou.

Sa perche n'était plus qu'un bras. Le pouvoir polonais aussi, les communistes qui s'accrochaient encore à la barre, n'a retenu que ce geste. Ils l'ont empêché d'aller sauter à l'étranger, lui ont retiré son passeport, si bien que Koza a fini par leur faire un autre bras d'honneur en prenant la fuite en RFA. Toujours à cause de ce fichu bras. En 1988, il a voulu sauter pour les Allemands aux Jeux olympiques de Séoul. L'autorisation de son ancien pays était nécessaire, les Polonais la lui ont évidemment refusée. Le bras s'allongeait et ne voulait plus le lâcher.

J'ai retrouvé une émission où Koza s'exprime à la télé allemande. Il a les cheveux blancs, une moustache un peu ridicule, et il a raconté qu'il avait voulu montrer aux Soviétiques qu'ils ne faisaient plus la loi. Il a parlé aussi de Solidarność et de tout le tremblement. À l'écouter, on avait l'impression que son bras avait fait tomber le mur de Berlin. Il avait fini par croire ce que les gens lui disaient, qu'il était le héros de tout un peuple, d'une époque, d'un monde libre, que son geste valait bien celui des Noirs américains sur le podium de Mexico. Or, je l'ai revu, en 1980, il était simplement heureux d'avoir réussi à faire taire ceux qui le sifflaient. Voilà un ange déchu, me suis-je dit finalement, qui est mal retombé sur le matelas.

La bouche pleine d'eau chlorée

Geneviève Brisac

Je me souviens. J'ai dix ans, je suis en sixième, l'avenir m'appartient. Je pense à devenir championne de natation comme Christine Caron qui vient de remporter le 200 mètres lors des Championnats de France (elle va le faire tous les ans pendant cinq ans, été comme hiver). Christine est très jolie, elle est blonde, elle ressemble à Sylvie Vartan, mon autre idole, mais en mieux, puisqu'elle est championne. Championne c'est mieux que chanteuse.

Je suis assez préoccupée par mon avenir. On m'a dit souvent qu'il ne faut pas laisser passer sa chance. La vie est très courte. Et facile à rater.

Archéologue, biologiste, astronome, physicienne, je n'ai pas choisi vraiment ma voie officielle. J'adore remplir les fiches de début d'année où les profs vous demandent votre futur métier. J'y pense comme on pense à un bon goûter. Je suce mon nouveau stylo à encre, et j'écris « archéologue » : pour les explorations et les fouilles dans les tombes égyptiennes. J'adore l'Égypte. « Biologiste » : j'aime beaucoup disséquer de petits animaux, surtout les grenouilles qui nous ressemblent tant. Le goût de la connaissance n'est pas très éloigné de l'agressivité. « Physicienne » : j'aime le mot, qui rime avec musicienne. Mais la prof de français

a demandé de se limiter à deux avenirs. Je renonce provisoirement à la physique, à la chimie, au chinois. Et, bien sûr, je n'écris pas championne de dos crawlé, c'est un rêve, et les rêves doivent rester secrets. De plus je devine qu'elle ne va pas approuver mon projet. Ne sois pas futile, dit souvent mon père.
J'ai un nouveau cartable à dos, du matériel de dessin et de maths, des feuilles Canson, un rapporteur et un compas, une règle de trigonométrie, et des crayons de couleur, tout est possible. Tout est neuf et joyeux. Même si j'ai peur, très peur même. On n'a pas tous les jours dix ans, je joue ma vie : l'instant est avant tout nautique. À cause de Christine Caron. Oui, je suis futile, mais déterminée.
Certains l'appellent Kiki, je trouve cela familier et un peu choquant. Je suis une fille très prude et je déteste l'expression « C'est parti, mon Kiki ». « C'est parti, ma Kiki » est encore pire. Je ne sais pas ce que cela signifie vraiment, mais je n'aime pas.
Bref. Cela s'est passé ainsi : le prof de gym a demandé qui voulait faire natation, c'est comme cela qu'on dit : faire natation. J'ai levé la main. Je lève toujours la main, par principe, dans l'espoir d'une vie meilleure. Cela énerve un peu les autres mais je m'en fiche.
Le prof m'a remis plusieurs feuilles à faire signer aux parents : autorisations, certificats médicaux, et une liste, encore une liste, toujours des listes (comme j'aime les listes, condensé de mes espérances).
Une liste de choses à acheter. Un maillot une pièce (super, enfin !), un bonnet bleu et noir (je déteste, ça tire les cheveux surtout quand ils sont longs et frisés), une serviette et un sac piscine (c'est comme cela qu'on

dit). La piscine c'est le lundi soir, après les cours, au gymnase Bullier.
J'ai le cœur qui bat en m'approchant, toute seule, toute petite, de l'immeuble immense qui surmonte le métro Port-Royal.
Ma mère m'a dit qu'avant c'était un bal du même nom dont la création remontait à 1847 et qui a définitivement fermé ses portes en 1940.
J'ai dix ans et je vais chez les fantômes du bal Bullier, toute seule et pleine d'espoirs. La guerre est finie depuis longtemps. Je lis sur la façade que le permis de reconstruire a été déposé en avril 1955. J'apprends la plaque par cœur : « Renommé en mémoire de Jean Sarrailh » qui fut notamment recteur de l'Académie de Paris et président du conseil de l'université de Paris, le centre regroupe une résidence universitaire, un restaurant universitaire – qui porte toujours le nom de Bullier – et un centre sportif. Une piscine olympique.
J'aime beaucoup ce mot : *universitaire*. Je songe à le rajouter à ma liste de métiers à faire plus tard.
Mais pour le moment : à l'eau.
On nous aligne toutes, avec les autres candidates à l'excellence, nos maillots achetés hier au Prisunic sont tous les mêmes, bleu et blanc, assortis à nos bonnets bleu et noir. Il y a des filles de toutes les tailles et de tous les volumes, c'est rigolo comme une ribambelle.
La piscine est sublime, des couloirs splendides, un fond carrelé de plusieurs bleus assortis aux lignes de nage. Je saute joyeusement. « Il faudra apprendre à plonger », dit le moniteur éclaboussé et agacé.
Ça commence mal, mon avenir glorieux. Alors je file, les bras bien collés aux oreilles, les mains en petites

palmes bien ouvertes, le battement de pieds bien synchrone. Et comme un chiot, au retour de mon 50 mètres, après un virage parfait, j'attends ma récompense.

En nageant, en rythmant mes mouvements pour rester au milieu de mon couloir, en effectuant mon virage, je pense à Christine dont je ne connais encore que quelques records. (On est en 1962, je le rappelle, elle ne sera vice-championne olympique qu'en 1964.) Je m'arrête de nouveau au bout des 100 mètres, attendant les commentaires élogieux du moniteur.

Comme il ne m'a pas regardée du tout, je refais deux autres longueurs impeccables, et deux virages un peu moins parfaits, en essayant de capter son attention par mon style silencieux. Et je stoppe devant ses pieds chaussés de tongs géantes. Ça y est, il m'a vue. Il sourit.

Deux cents mètres, c'est la longueur fétiche de Christine Caron, dis-je, la bouche pleine d'eau chlorée. Elle est bonne aussi sur 100 mètres, mais vraiment géniale au 200 mètres. 2 minutes 27.

– Allez, sors de l'eau, championne, dit-il. Et reviens demain en sortant du lycée. On fera quelque chose de toi, si les petits cochons ne te mangent pas.

Je remonte l'avenue de l'Observatoire, les cheveux mouillés, la bouche sèche, les jambes molles, le souffle presque coupé par le bonheur et la fatigue. Et soudain, je découvre que je meurs de faim. Je fouille dans mes poches d'anorak, je trouve quelques francs. Et j'achète la meilleure crêpe beurre-sucre-noisettes de toute ma vie.

Apprenti envoyé spécial

Pierre Ducrozet

Je me souviens. J'avais quatorze ans et je voulais être reporter, couvrir les grands événements, la Coupe du monde de football, la chute du mur, quelques guerres aussi pourquoi pas. Comme il fallait attendre encore un peu pour ça, on a créé notre propre journal, *Sport Passion*, avec mon amie Nadja, de quatre ans mon aînée. Un journal fleuve, de presque cent pages à chaque numéro, qui couvrait le tennis, le foot, l'athlétisme, le cyclisme. On passait nos journées à regarder les coupes, les ligues, les championnats, à rédiger des comptes rendus en forme de péplums, à mettre en page sur XPress nos éloges de Stefan Edberg et de Miguel Indurain, avant d'imprimer et de relier l'ensemble pour le donner à nos amis et à notre famille qui ne le liraient pas. Nous avions grandi dans des rêves de *Daily Star* et de Lucky Luke, de *Libé* et de Sartre, de Serge Daney et des *Cahiers du cinéma*, les odeurs d'encre d'imprimerie nous ensorcelaient, comme les révolutions inattendues et les bouclages records à des heures indues.

Été 1996, je viens d'avoir quatorze ans et je me prépare à couvrir depuis mon salon de Craponne, dans l'Ouest lyonnais, les Jeux olympiques d'Atlanta. En apprenti envoyé spécial à casquette et accréditation falsifiée, je suis assis dans mon canapé, télé allumée du matin au soir, *L'Équipe* ouverte sur la table, à côté de mon carnet et d'une glace au citron (congelée dans sa peau ; une spécialité de l'époque). Le décalage de six heures ne m'avantage guère mais ce n'est pas ça qui va m'arrêter. Je regarderai le direct au maximum, et pour les compétitions tardives j'enregistrerai sur mes VHS, ou bien je me rattraperai avec les résumés et rediffusions de France 3. On s'est réparti les épreuves, Nadja et moi, selon nos affinités, on est prêts, excités, tendus. Par les fenêtres ouvertes, l'odeur fruitée de l'été.

Je suis au deuxième étage de la maison familiale, que l'on partage avec mon frère, et où on se livre à nos aventures, depuis le foot en intérieur jusqu'aux épiques soirées ; notre espace à nous, notre lieu. J'ouvre une cannette pour entrer dans cette drôle de fête : les Jeux retrouvent cette année celui qui les abreuve depuis si longtemps, Coca-Cola, dont Atlanta est le siège, raison pour laquelle la ville a été préférée à Athènes pour ces JO du centenaire. C'est révoltant, oui tout à fait, mais le coup de départ résonne déjà alors bon.

La télé hurle et je vibre comme si j'étais dans le stade. Au milieu du tumulte des jours qui suivent me reviennent des corps, des visages, des moments.

En premier lieu, le héros majeur, le plus grand des athlètes qui achève à Atlanta son œuvre. Carl Lewis. Qui se prépare justement pour son deuxième saut en longueur (je comble les trous de ma mémoire avec les infos de mon propre journal – je suis sûr que vous m'en excuserez). J'observe sa concentration extrême. Visage totalement fermé. Le souffle, rien que le souffle. Il s'élance. Quelle foulée. Il s'élève, il semble marcher sur l'air. Comment peut-il sauter aussi loin. La grâce. Il

touche le sable mais, incroyable, ne tombe pas entièrement, il rebondit sur ses pieds et se relève déjà. Frisson général dans le stade. Carl Lewis tient sa tête entre ses mains. Sur son visage si pur, si délicat, un mélange de joie extrême et de fascination. On annonce la longueur du saut : 8,50 m ! Insensé. Ses larmes et les nôtres. Quelle beauté.
Neuvième titre olympique, après ceux de Los Angeles en 1984, de Séoul 1988 et de Barcelone 1992. Le roi Carl peut se retirer.
Je revois les visages, je retrouve les émotions. Je revois la foulée si ample de Marie-José Pérec, comme lancée trop loin, au bout d'elle-même, qui lui permet d'emballer ce 400 mètres dans la dernière droite.
On se retrouve quelques jours plus tard, Nadja et moi, pour regarder ensemble la finale du 200 mètres, où Pérec s'est finalement inscrite, portée par sa victoire sur 400. Elle démarre lentement. Elle est en retard sur la Jamaïquaine Merlene Ottey et sort du dernier virage comme figée. Elle lance alors tout son corps dans la bataille. On crie, on sent l'effort, le bout de soi-même qu'on pousse encore un peu plus loin. Marie-Jo passe devant, avale ses adversaires. On s'enlace.
Ce même doublé 200 mètres-400 mètres est marqué, chez les hommes, par une autre foulée unique (je reprends notre vocabulaire de l'époque, où tout est immense, extraordinaire, insensé) : celle de Michael Johnson. Sa course si particulière, son buste droit, ses fesses en arrière. On se demande comment il peut aller si vite ainsi. Je me souviens d'un rouleau compresseur, des mètres d'avance. Le merveilleux Frankie Fredericks

est si loin derrière. Michael Johnson pulvérise tout sur son passage, adversaires, records, esthétique.
Chaque jour je me réveille en courant vers la télé. Dans les moments de creux (il y en a peu), j'écris de maladroits papiers qui courent derrière l'exhaustivité comme les sprinters derrière leur objectif, sans y parvenir – et c'est mieux. (Je relis à l'instant même ce numéro 4 de *Sport Passion*, un peu gêné et ému par la ferveur, la maladresse et l'élan, la joie et l'innocence qui nous portaient.)
On est pris dans la danse, on est des reporters du bout du monde, depuis Craponne et Grenoble, on fabrique notre propre *Daily Star* avec deux bouts de ficelle. On complète en imaginant l'odeur de l'encre sur nos doigts. On s'envoie par la poste des disquettes contenant nos articles retranscrits. On apprend les rudiments de mise en page pour organiser notre journal, illustrer l'article de photos (mais où les récupère-t-on ? J'aimerais me souvenir plus en détail de ces années, mais je fais avec ce que j'ai). On écrit nos premiers chapeaux, on trouve nos premiers titres (biberonnés à *Libé*, on cherche le jeu de mots bien sûr – tiens, celui-ci : *Les quatre sans couac*). On varie les couleurs de typos, les agencements, on fait des essais, on imprime, on relie. Je me souviens de cette sensation enveloppante, d'être au cœur de l'événement, d'être porté par lui, entouré, au chaud.
Ce que j'aime alors dans le sport, je crois, c'est l'accélérateur d'émotions, la spirale à larmes et à frissons. Voir Andre Agassi revenir des limbes, gagner le tournoi de tennis et pleurer comme un gosse. C'est une comédie humaine qui concentre dans son agora toutes les

émotions. C'est un drame dans un mouchoir, comme le cinéma, mon autre passion du moment.
Même le tournoi de foot se révèle passionnant, lui qui est pourtant d'habitude le parent pauvre des Jeux. Oui mais cette année, il y a l'équipe du Nigeria, et ça c'est quelque chose. La folie, l'extravagance, le spectacle, sans retenue aucune (le contraire de ce que pratique alors la France d'Aimé Jacquet, m'indigné-je dans mon papier – deux ans avant la Coupe du monde de 1998 : quel Nostradamus). Les dribbles d'Okocha, les buts de Kanu, la virtuosité d'Ikpeba et d'Amunike, qui renversent le Brésil en demi, dans un match délirant, puis l'Argentine en finale. J'en ferai cinq pages, d'un lyrisme total.
Nadja veille, elle, jusqu'au bout de la nuit pour suivre le concours de saut à la perche. Le Français Jean Galfione et le Russe Trandenkov se disputent l'or dans une insoutenable partie d'échecs et de centimètres. Ils passent tous les deux la barre placée à 5,86 m, quand le Russe demande contre toute attente 6,02 m. Galfione échoue à 5,97 m, mais là, nouvelle surprise, demande lui aussi 6,02 m, pour mettre la pression sur le Russe, dès lors tenu de passer cette hauteur. Concours de nerfs. Trandenkov échoue trois fois. Galfione lève les bras, il est champion olympique. « C'est la première fois que j'ai veillé pour un homme », me dit aujourd'hui Nadja – élégant, aérien et modeste, il en valait bien la peine.
Et puis, dans la nuit du 27 juillet, le drame. Une bombe explose dans le Parc olympique du Centenaire, faisant un mort et cent onze blessés. Stupeur, dix jours après l'explosion en plein vol d'un avion de la TWA au large

de New York. « L'organisation de ces Jeux a été un fiasco, unanimement critiquée par tous les entraîneurs, sportifs, journalistes et cadres qui ont dénoncé la faillite des transports, de l'informatique, de la sécurité et de l'organisation dans le village olympique », écris-je dans mon édito sentencieux.

Les compétitions reprennent malgré tout et le soir même, c'est la finale du 100 mètres. Tension absolue dans le stade et mon salon (j'ai veillé moi aussi). Premier coup de feu. Faux départ du favori et champion du monde, Linford Christie. On se remet en place, on se reconcentre. Deuxième départ, deuxième arrêt. C'est Ato Boldon qui est parti trop tôt cette fois-ci. Les nerfs à vif, on se replace. Je me revois, la tête entre les mains, le souffle court. Feu ! Au bout d'un temps interminable, arrêt de l'arbitre. Deuxième faux départ de Christie, ce qui signifie expulsion. L'athlète britannique le sait mais il refuse de partir, interdit, sidéré. Il reste à sa place, fait signe qu'il va courir. Moment incroyable, ce regard dans le vide de Christie qui comprend que c'est fini mais ne peut l'admettre. L'arbitre vient lui dire, « Monsieur Christie, la course doit reprendre, il va falloir vous retirer ». Il s'éloigne mais son corps reste. Quatrième départ. Puissance de feu. Fredericks devant. Bailey à la traîne, comme ralenti. Mais tout à coup la machine s'emballe et transperce tout. Donovan Bailey gagne en bouffant la ligne. Record du monde. Il crie au ciel. Quel frisson.

Les JO s'achèvent dans un dernier tour de piste d'athlètes. On remballe nos carnets, on imprime la chose, essoufflés et heureux, et on se prépare pour la rentrée, l'entrée au lycée pour moi et à la fac pour Nadja.

On fera encore plusieurs numéros de *Sport Passion*, dont le dernier, délirant, en mai 1997, entièrement consacré à Stefan Edberg, pour sa retraite (quatre-vingt-dix pages d'hagiographie, du berceau au dernier coup de raquette). On envoie nos numéros à Jérôme Bureau, directeur de *L'Équipe*. Quelques semaines plus tard, une lettre arrive, qui trônera longtemps sur nos bureaux respectifs : « C'est super ce que vous faites, continuez. »
Alors on l'a fait. Au lycée, le journal change de thèmes et de ton, *Sport Passion* laisse la place à *SOS*, journal grinçant et anarchiste, sorte de *Charlie Hebdo* mal fagoté. Avec les gais lurons Stéphane et JB, et Nadja parfois en renfort, on pilonne les chasseurs et les réacs, on s'essaie à la subversion dans un long rire qui résonne dans les couloirs imposants de notre lycée bourgeois, on fait l'éloge de Trotski et du Che.
Ces journaux ont été nos écoles, nos laboratoires foutraques, nos récréations.
Si je regarde chaque année un peu moins le sport, usé par le capital en roue libre qui l'anime, je m'arrête toujours devant les Jeux olympiques. Il y a quelque chose en plus, qui rappelle la joie de l'amateurisme derrière les muscles et l'entraînement forcené. Je me souviens de grands moments à Athènes, à Pékin, à Londres. Je me souviens d'admirer Usain Bolt en plein délire lysergique et de penser : waouh, aller le plus vite possible d'un point A à un point B les plus rapprochés qui soient, quelle idée de taré quand même. Je me vois m'ennuyer aussi, dénigrer ce que j'avais tant aimé. Aujourd'hui encore, je comprends parfaitement ce qui m'a ému tout en m'en étonnant un peu. Mais parfois

je persiste et rejoue l'innocence de ces jours-là dans les courses de fond, les sprints, les rires, les pleurs. Quand tout lui aura été enlevé, il restera peut-être ça encore, dans le sport : la joie et la tristesse, naïves, sincères, de celui qui tombe et de celui qui se relève.

De mon temps c'était…

TRISTAN GARCIA

Je me souviens bien. De mieux en mieux, même. Peut-être parce que je les regrette. Je me souviens des Jeux olympiques : je veux dire, du temps où il y avait des Jeux olympiques uniques, pour le monde entier et tous les quatre ans. En tout cas, c'est ce qu'on disait. C'était le discours, presque partout pendant plus d'un siècle : on se réunit et on communie autour des athlètes du monde entier, hommes et femmes, de tous âges et de toutes confessions.

Ça a changé. Pour les plus jeunes, ça semble difficile à imaginer, mais la plupart d'entre nous croyaient à cette idée farfelue d'un rassemblement sportif planétaire… Quand il n'existait pas encore neuf (ou peut-être onze ? je ne sais plus) comités olympiques concurrents, les grandes puissances impériales et les petites nations étaient censées entrer en compétition sur un pied d'égalité – bien sûr, ce n'était pas vrai, mais tout le monde faisait semblant. C'était ça : des corps humains venus des quatre coins du monde, qui se mesuraient les uns aux autres dans les règles.

Et il n'y avait pas d'assistance biotechnologique autorisée. Ah oui, c'était avant qu'il existe les Jeux augmentés, et l'ouverture des compétitions aux corps officiellement hybridés, sans parler des récents Jeux posthumains, une farce si vous voulez mon avis, sponsorisée par cette firme, là, qui fabrique des robots militaires et civils... Vous voyez de quoi je veux parler. Toutes ces opérations semi-publicitaires.

Mais j'en reviens au passé... Vous avez raison, il y avait déjà de la publicité, beaucoup de publicité. Oui, ça coupait tout le temps les retransmissions, à la télévision. Sur le bord des stades et des terrains, c'est vrai. Mais pas encore sur le corps des athlètes : non, imaginez, le *tattoo-naming* n'existait pas encore ! Pas de marque ni de slogans sur les bras. Vous dites... ? C'est qu'avec ce traitement contre la sénescence, elle est loin ma jeunesse ! Cela dépendait des disciplines, mais les catégories masculines étaient souvent plus valorisées, me semble-t-il.

À l'époque, les genres étaient séparés dans toutes les compétitions – à part l'équitation ? Je ne sais plus. C'était plus ou moins comme dans les Jeux néo-traditionalistes actuels, qui proposent des compétitions pour les vrais « hommes » et d'autres pour les vraies « femmes » : je ne fais que citer ce qu'ils disent, ça ne veut pas dire que j'approuve. Cela peut sembler bizarre, même au XXIe siècle, c'était encore comme ça. Récemment, je sais qu'il y a le scandale de ce... cette... Bref.

Tout de même, vous pouvez vous faire une idée de ce à quoi ça ressemblait, sur cette plateforme payante, vous retrouverez vous-même le nom, je mélange les firmes, en regardant les Jeux « réinactés », c'est bien ça ? On m'a montré ça, une fois : des reconstitutions historiques fidèles aux Jeux à la Coubertin, organisées par celles et ceux qui regrettent l'esprit olympique du passé. Apparemment il y a du monde qui paie pour voir ces shows-là, mais les spectateurs sont vieux. Comme moi. J'ai vécu trop longtemps sans doute, je me sens à cheval sur trop de périodes. Ce n'est pas naturel. Enfin, naturel ou pas, qu'est-ce que j'en sais ?, mais vous voyez l'idée.

Comment ça a commencé… tout ce bordel-là ? Lorsque les nations qu'on appelait « autoritaires » ici se sont mises à organiser des jeux garantissant l'ordre, la sécurité, les nations qu'on appelait « libérales » ont eu de plus en plus de mal à faire pareil. C'était le « zbeul » permanent, ça coûtait cher, personne n'était content. Tous ces pays se sont retrouvés piégés par leur désir de démontrer leur puissance, tout en étant exemplaires écologiquement et économiquement, en multidiffusant quand même tout ce barnum, et attention ! sans tirer sur les foules de manifestants…

Équation impossible à résoudre. Les émeutes, c'est certain, ça a refroidi les instances du sport. Les spectateurs avaient le sentiment que ça se passait quand même mieux dans des pays avec un « gouvernement fort » que dans des démocraties… Voilà. Ensuite, les fédérations, toutes corrompues, se sont déchirées.

Les Jeux occidentaux, vous connaissez la blague ? On sait qui va gagner, on sait qui va perdre : l'Occident. Petit à petit, tous les autres pays ont été bannis, des histoires de dictature, de droits de l'Homme, de boycott… La guerre, bien entendu, aussi. Des Jeux repoussés sans cesse, organisés dans dix pays à la fois, pour partager les frais. Ils n'ont plus ressemblé à rien. Officiellement, il en existe toujours, je ne dis pas le contraire. C'était quand les derniers ? Il y a sept

ans, en Grande-Bretagne ? Bref, je ne sais plus. En cachette, avec des téléphones portables débridés, les jeunes regardaient les Jeux du reste du monde, les Jeux autoritaires : au moins c'était carré.
De toute façon, les Jeux virtuels s'étaient déjà bien développés à ce moment-là : les entreprises d'e-sports ne pouvaient plus admettre de rester dans leur ghetto, comme si ce n'était pas du « vrai sport »... Et encore, à l'époque, ce n'était pas en immersion complète : juste l'écran et la console... Mais les Jeux virtuels, ça a vite pris.
Les Jeux extrêmes aussi, avec le lobbying des boissons énergisantes, de la vente à emporter et du commerce hormonal. Évidemment, c'étaient des Jeux plus jeunes, inclusifs et multimodaux comme on disait. Même moi je suivais tout ça sur ma ligne d'actu personnalisée – ah ah ! Il fallait cligner des yeux pour faire défiler les résultats ! –, mais dès la troisième édition, dans mon souvenir, des marques concurrentes ont financé les *Radical Games*. Avec la concurrence, les fédérations privatisées en gongsis se sont multipliées en Asie ; il fallait avoir des notions de mandarin, alors j'ai cessé de suivre.
Parmi mes arrière-petits-enfants, je sais que certains sont payés pour suivre exclusivement tels ou tels Jeux transpacifiques, depuis l'Europe ils e-monétisent leur, euh, mana en ligne, c'est ça ? Le fait de regarder, quoi. J'ai du mal avec ces mots. Est-ce que le fossé s'est creusé entre les générations ? Les Jeux de jeunes, les Jeux de vieux... C'était tout un débat. Prenez les Jeux seniors, avec les anciens champions. Par-dessus ça, il y a eu les revendications de celles et ceux qui ne

supportaient plus l'âgisme, le jeunisme, les corps bien nourris, bien préparés… Au début, ça a plu : les plus de soixante ans regardaient courir, nager, des plus de soixante ans. Les Jeux générationnels, ça n'a duré qu'un temps. Ensuite les vieux ont de nouveau regardé les jeunes courir et nager. Cela dit, il existe encore les Jeux de centenaires ! Je pourrais les faire.
Alors qu'avant… Laissez-moi réfléchir. Si, il y avait les Jeux paralympiques, mais c'est plus tard qu'on a vu apparaître les *Weight Pride Games*, comment ça s'appelait, déjà, en français ? Avec des catégories de poids. Pas mal de pays ont refusé toutes ces formes inclusives de Jeux. En réaction, ils ont voulu conserver les anciennes formules. À vrai dire, ils les ont rendues un peu plus exclusives.
De mon temps c'était… C'était traditionnel, mais ouvert, il me semble. Pas politique. Bon non, je sais bien que j'idéalise. Vous avez raison : il y avait des Jeux dans des dictatures. Et dans les pays dits démocratiques, c'était organisé de façon… Enfin, comme maintenant : les États s'endettaient, les entreprises mettaient de l'argent, on nettoyait la population de la ville, on faisait des promesses et les équipements, à l'époque, étaient en dur ! Du béton. Impossible à démodulariser, comme aujourd'hui, pas de matériaux protéiformes et recyclables.
Je me souviens de la première des Jeux écologiques et durables, ha ha ! J'y étais. Avec la course dans l'herbe, il avait plu, quel enfer, pire qu'un cross d'hiver, et aucun droit d'entrée, un bordel… Mais qu'est-ce qu'on s'était amusés. Ça me rappelle un peu les Jeux communs. Pas de vainqueur : tout le monde gagne ou perd ensemble.

Aucun droit de diffusion, il n'y a pas d'autres spectateurs que les joueurs. On participe tous et toutes. Mais ça demeure minoritaire, pour ce que j'en sais. C'est sans doute le but, d'ailleurs. Quand je me souviens des Jeux olympiques uniques d'antan, je me souviens d'un beau mensonge, voilà tout. C'était les deux à la fois : beau et mensonger. Attention, je ne rejette pas tout, même à mon grand âge : les Jeux islamiques de l'an passé étaient impressionnants. En dépit de la polémique, les Jeux du Renouveau charismatique chrétien, c'était pas mal, aussi. Même si je persiste à trouver l'esthétique kitsch des cérémonies religieuses risible et les prières entre les épreuves interminables, lorsque comme moi on n'est pas pratiquant, c'était un joli spectacle. D'ailleurs les athées qui promettent de ne pas regarder finissent toujours par y jeter un œil.
Et puis comme ma fille a travaillé à la communication des Jeux queers, j'ai pu faire le voyage, en dépit des douleurs au dos ; c'était il y a… trois ans et demi déjà. Le rythme irrégulier des Jeux queers, ça n'a pas aidé à leur succès populaire. Je veux dire : au-delà de l'audience jeune et militante. Tout de même, j'ai trouvé ça intéressant. C'est différent, comme j'ai dit à ma fille : on ne peut pas leur enlever ça. Peut-être que c'est l'avenir, comme ils disent, mais d'après ce que j'ai entendu, une bonne partie des plus jeunes, les plus radicaux, euh, radicales/radicaux, enfin, vous me comprenez, iels sont fâché·e·s de l'implication de l'Europe dans l'organisation des prochains Jeux, parce que c'est une façon de récupérer et de se donner bonne conscience. Donc une scission est

à prévoir, d'après elle. Les vieux comme moi, on s'y perd. Alors que les jeunes ont l'habitude. Ils ont grandi là-dedans.

Au fond, si on tient vraiment à tout suivre, il y en a tout le temps. C'est une sorte de flux permanent d'olympisme. Un groupe fait ça, allez hop !, un autre répond. Bon, les Jeux de la fierté binaire n'ont pas été un franc succès. Passé l'effet d'annonce, les épreuves de rebinarisation ont tourné au fiasco, et puis il y a eu le scandale de cette athlète qui était normalement trans mais tout de même sympathisante binaire, antiqueer, et qui a voulu participer... Comme elle avait été traitée par thérapie génique, même ses chromosomes étaient XX, c'est ça ? Il me semble qu'elle a déposé un recours... Tout ça a fini en eau de boudin pour les binaristes. Ils inventeront autre chose.

Et contrairement à certains de mes amis, je n'ai pas regardé les Jeux fascistes, même par curiosité. On a échappé à un attentat, ça a hurlé à la censure et en dépit du soutien de quelques grandes fortunes, ça ne s'est pas fait. Trois morts, tout de même. Ou quatre ? C'est terrible.

Oui, il y en avait aussi de mon temps, sur les chantiers, dans les manifestations... Mais, je ne sais pas, ça ne me paraissait pas les mêmes morts. Non, je ne parle pas de ces Jeux affreux là, ceux qu'ils ont réussi à faire interdire, avec combat de gladiateurs et lutte à mort. C'était cet été ? Rien que le calendrier... Pour suivre il faut s'abonner, pointer sur le réseau partenaire...

Ah non, de mon temps, comme il y avait les informations dans les journaux, à la télévision et à la radio, et que tout le monde, enfin, beaucoup de gens je crois,

lisaient et écoutaient, on savait quand ça commençait, quand ça finissait.
Je suis assez vieux pour me souvenir du sentiment rassurant de cette routine des Jeux, du temps où il n'en existait qu'une seule version. Déjà, il y avait eu le virus, qui avait obligé à reporter les Jeux, je ne sais plus en quelle année c'était… Pardonnez ma mémoire, malgré le traitement AntiAlzheimer. Et puis la guerre. Ça a rompu le cycle régulier des quatre ans, l'impression d'un événement naturel, encore plus prévisible qu'une éclipse, moins variable que le passage des saisons… Souvenez-vous, avec le réchauffement, au début, quand il a fallu attendre octobre pour les Jeux d'été.
Mais je confonds peut-être. Je crois que je me souviens de tout ça ; j'invente sans doute un peu, j'en rajoute. Vous me direz. Vous avez bien tout noté ? Je ne me vexerai pas si j'ai tort, si çà et là, j'ai exagéré… Il y a des effets secondaires au traitement : on ne sort pas indemne d'un Alzheimer. À mon âge, la mémoire se reforme petit à petit, mais se souvenir, imaginer… Ce n'est pas complètement différent. Il paraît que le cerveau fait les deux en même temps, il se souvient, il imagine.
Alors je me souviens, j'imagine.

Sportscriptum

Benoît Heimermann

Écrivain prolifique, auteur de quantité de thèses savantes dont un précis sur l'art mimique, Jean Prévost (1901-1944) avait installé un sac de frappe dans son bureau parisien pour, insistait-il, « défouler sa rage et son imagination ». Tout autant que sa forme, Prévost entendait soigner son style. S'il pratiquait le sport pour des raisons prophylactiques, il s'y adonnait aussi à des fins esthétiques.

Costaud et ambidextre, l'athlète au « front de petit buffle » (François Mauriac) qui lançait le poids à 12 mètres et le disque à 35 pratiquait le canoë, l'escrime et le rugby. Mais, de toutes les activités physiques, c'est le noble art qui avait sa préférence. Champion universitaire, Prévost s'entraînait de manière assidue au point de défier un jour Cleto Locatelli alors professionnel respecté. L'épreuve ultime, selon lui, pour passer de la théorie à la pratique, même si l'audacieux normalien ne dut de finir cette rencontre vivant qu'à l'indulgence de Tristan Bernard, arbitre fortuit, lui-même adepte du concept supposé antipodique d'« écrivain sportif ». Ce combat, après tant d'autres menés sur des fronts autrement sérieux, eut un mérite : inciter Prévost à rédiger un explicite *Plaisirs des sports* considéré comme l'une des pierres angulaires d'une littérature éponyme

si difficile à définir. Un privilège acquis peut-être parce que l'écrivain aux muscles rebondis avait assimilé plus avantageusement que bien d'autres que « là où les auteurs grecs sacrifiaient aux exercices physiques pour mieux *s'adapter* à leur civilisation, leurs lointains descendants avaient tout intérêt à mieux y consentir encore pour mieux *résister* à la leur ».
Question résistance, Prévost montra l'exemple plus souvent qu'à son tour. Très tôt engagé dans le maquis, jamais à court d'audaces, il fut fusillé sans état d'âme le 1er août 1944 dans les environs de Grenoble, un pistolet dans la main, les « Essais » de Montaigne dans l'autre, quelques heures seulement après qu'Antoine de Saint-Exupéry eut été lui-même abattu dans le ciel de Marseille. Une coïncidence, une de plus, comme pour justifier celles qui, en cascade, avaient jusque-là balisé leur parcours commun. Amateurs de grand air, les deux indéfectibles amis avaient fait connaissance en 1925, l'année de la publication du fameux *Plaisirs des sports*, lui-même motivé par la tenue en France, douze mois plus tôt, des Jeux de la VIIIe Olympiade, au cours desquels artistes et sportifs se trouvèrent, comme par hasard, associés comme jamais.

Dès les origines, le baron Pierre Fredy de Coubertin avait préconisé, en même temps que la rénovation des épreuves olympiques classiques, l'ajout au programme de concours artistiques dûment identifiés (voir le texte de Blandine Rinkel, page 42). Mais il fallut en effet attendre le rendez-vous de Paris en 1924 – celui des *Chariots de feu* et de Tarzan/Weissmuller – pour que la mayonnaise prenne. Avec tant

de ferveur que l'exercice déclencha quelques regrettables polémiques. Ainsi, malgré leur réputation (ou à cause d'elle), les jurés du concours musical (Béla Bartok, Igor Stravinski, Arthur Honegger, Maurice Ravel, Gabriel Fauré, Manuel de Falla, excusez du peu !) se querellèrent si vertement qu'ils furent incapables de désigner un lauréat dans cette catégorie. Les délibérations au terme des épreuves d'architecture et de sculpture furent plus paisibles, mais celle de littérature provoqua elle aussi quelques inutiles escarmouches. Donné largement favori, *Le Paradis à l'ombre des épées* d'Henry de Montherlant ne récolta pas le moindre suffrage à l'inverse des imparfaits *Jeux olympiques* de Géo-Charles (alias Charles Guyot), plébiscité par le plus grand nombre.
Éparpillés du Grand Palais au vélodrome de la Cipale, mais aussi plébiscités du côté de Montparnasse et de Montmartre – épicentres obligés de la vie intellectuelle parisienne d'alors –, ces Jeux *new-look* ont indéniablement participé du mélange des genres. On ignore avec précision quelles furent les curiosités de Paul Morand, Gabriele d'Annunzio, Foujita, Paul Claudel, Maeterlinck, Paul Valéry, Anna de Noailles, Jean Cocteau et de tant d'autres, mais ce joyeux aréopage fréquenta stades et gymnases avec appétit à l'inverse de son équivalent contemporain qui, un siècle plus tard, si l'on en croit la rumeur, semble moins pressé, le temps de la fête olympique, de louer les sportifs que ses appartements.
À l'époque, plus que le contexte immobilier c'est l'actualité littéraire dans son ensemble qui faisait l'objet de surenchère. En l'espace de quelques mois

seulement, outre Jean Prévost et Henry de Montherlant déjà cités, Dominique Braga (*5 000*), André Obey (*L'Orgue du stade* ; voir le texte de Bernard Chambaz, page 101), Maurice Genevoix (*Euthymos, vainqueur olympique*) ou Jean Giraudoux (*Bella aux Jeux olympiques*) commirent, chacun de leur côté, une œuvre en rapport. Une accumulation qui fit croire un moment que les épousailles entre les forts en muscle et les forts en thème étaient dorénavant admises du plus grand nombre. Il n'en fut rien.

Première reculade : faute de claires réglementations, les épreuves artistiques, au-delà du point d'orgue de 1924, périclitèrent jusqu'à être supprimées du programme olympique au soir des Jeux de Londres vingt-quatre ans plus tard. Second coup d'arrêt : la littérature sportive elle-même (et il en est de même de la peinture ou de la musique) ravala ses prétentions au point de quasi disparaître du champ des possibles au mitan des années 1950. Jean-Paul Sartre et les idéologues étaient passés par là qui, tout à trac, s'étaient empressés de réduire le sport au rang de futilité pour ne pas parler du fameux « opium du peuple » auquel il fut assimilé tout aussi abruptement.

Certes la production romanesque consentit encore quelques échappées oxygénées, mais rien d'un courant nourri et renouvelé. Tout juste de maigres prétextes qui, additionnés les uns aux autres, donnèrent l'illusion que la littérature de « grand air » n'était pas totalement sortie du cadre. Oui, Julien Gracq en pinçait pour le vélo puisqu'il a consacré quelques lignes à la chose dans ces *Lettrines*. Idem pour Blaise Cendrars rapportant ses talents de buteur du côté de

Saint-Pétersbourg ; pour René Char, qui entretenait une correspondance passionnée à propos de football avec Nicolas de Staël ; pour Simone de Beauvoir qui, selon ses dires, aurait volontiers échangé son Renaudot contre un parfait « christiana aval » ; pour Cioran qui lisait *L'Équipe* en sous-main ou pour Jacques Rivière et Alain-Fournier qui, avec Gaston Gallimard en personne, composèrent une joyeuse troisième ligne sous le non moins réjouissant maillot de « La jeunesse littéraire ». Autant d'inclinations joyeuses mais qui ne garantissaient en rien une production de « romans sportifs » dignes de ce nom.

Au cours de ces années de disette, les exceptions n'en eurent que plus de mérite. On pense en priorité à Yves Gibeau et à sa fameuse *Ligne droite* publiée chez Calmann-Lévy en 1956. Un modèle du genre en ce que son argument gagne vraiment à s'émanciper en ce milieu si spécifique et que les valeurs qu'il promeut (goût de l'effort, dépassement de soi, esprit d'équipe, etc.) influencent pleinement son déroulement.

À l'origine, Stefan Volker, le héros premier de ce roman irréprochable, est un athlète parfait. Proportionné, aérien, cadencé à la perfection. Le nombre d'or étalonné par un cardiologue et un physiothérapeute réunis. Un coureur descendu de l'Olympe tel que les artistes les imaginent, modèle d'équilibre et d'audace mêlés. Il est vaillant, il est prometteur, il est allemand aussi ce qui, moins de dix ans après le second conflit mondial, relève de la singularité si ce n'est de l'audace. Gibeau aurait pu envisager les aventures de son Apollon

dans un autre pays, mais sa volonté de rapporter cette rédemption de l'« autre côté » du Rhin n'en recouvre que plus d'audace.
Dans un pays qui, avant-guerre, n'envisageait ses élites que supérieures, Sfefan n'est pas seulement destiné à côtoyer l'excellence, il est, *a minima*, invité à promouvoir le modèle aryen. De fait, à compter de 1943, l'admirable est appelé à revêtir l'uniforme et à reporter à plus tard ses rêves de grandeur. Une blessure et un bras atrophié plus tard, le voilà rétrogradé au rang des impotents. Seul son entraîneur de toujours, Julius Henckel, « la crème des hommes ; sec, bourru et autoritaire », croit encore en lui au point de l'inciter, une fois la paix revenue, à reprendre le cours de leur collaboration d'antan. Pour battre de nouveaux records ? Le coach n'est pas dupe. Ce qui importe c'est moins la performance que « l'appétit du redevenir », tel que l'incarne ce coureur éclopé au beau milieu d'une Allemagne en ruine.
D'autres raretés servirent la cause d'un genre certes en perte de vitesse, mais décidé néanmoins à survivre : *Les Hommes forts* de Georges Magnane, parus en 1942, qui s'émancipent dans le milieu de l'aviron, ou les *325 000 francs* de Roger Vailland, publiés en 1955, centrés sur le destin d'un jeune cycliste amoureux. Paradoxe suprême, c'est au gré de cette traversée du désert que s'exprima l'intarissable et encombrant Antoine Blondin, chroniqueur sans doute spirituel et prolifique comme personne mais qui, il convient de le souligner à gros traits, jamais ne commit la moindre fiction « sportive », parce que, argumentait-il, les champions ne sont « curieusement capables de ne

s'épanouir que dans le réel » (voir le texte de Pierre Assouline, page 32).

Nos amis étrangers furent plus audacieux. Au cours de ces années de vaches maigres si spécifiques à la France – entre 1950 et 1970 en gros –, ils s'exprimèrent tant et plus que le genre y gagna, toutes périodes confondues, quelques-uns de ses plus beaux fleurons. Dans le désordre : *La Solitude du coureur de fond* (d'Alan Sillitoe), *Champion* (de Ring Lardner), *50 000 dollars* (d'Ernest Hemingway), *Shoeless Joe* (de W. P. Kinsella), *Le Grand Roman américain* (de Philip Roth), *Le Combat du siècle* (de Norman Mailer), *Ma vie sportive* (de David Storey), *Fat City* (de Leonard Gardner) ou *Le Meilleur* (de Bernard Malamud). Sans oublier les chefs-d'œuvre maritimes et pugilistiques, légèrement antérieurs, de Jack London pour qui, d'évidence, « l'existence, était davantage une compétition qu'une mission ».
Autoproclamés gardiens de l'espèce, les compatriotes du baron de Coubertin reportèrent de quelques années encore un éventuel retour aux affaires. Le temps d'admettre que le sport n'est pas circonscrit aux limites d'un sanctuaire archétypal n'ayant qu'un lointain rapport avec le monde réel qui l'entoure. Forcément, la mystification s'étiola au fil des années. Bientôt, la fable des champions forcément dorés sur tranche ne résista pas à la réalité.
À leur tour conscients qu'il est impossible d'écrire « de bons romans uniquement avec de bons sentiments » (André Gide), les chroniqueurs de la chose sportive se félicitèrent de voir les tricheurs, les fourbes, les violents

ou les prévaricateurs doper – enfin – leur imaginaire. Au tournant des XXe et XXIe siècles, la bascule s'opéra pour de bon et l'opinion y compris admit une fois pour toutes que le sport ne constituait en rien une exception, mais qu'il était au mieux le simple miroir de nos comportements, des plus pervers aux plus enthousiasmants.

Aujourd'hui, chez nous comme ailleurs, le sport et la littérature font à nouveau bon ménage. Même les Éditions de Minuit, ultime bastion littéraire où l'on aurait imaginé pareille mutation, se mirent à la page, accueillant, entre 2006 et 2008, pas moins de trois titres directement liés aux activités physiques et à leurs plus glorieux représentants : le *Courir* de Jean Echenoz (biographie avouée d'Emil Zátopek), *La Mélancolie de Zidane* de Jean-Philippe Toussaint et le *Dans la foule* de Laurent Mauvignier (variation autour du drame du Heysel).

Difficile d'imaginer ralliement plus surprenant. Non contente de rattraper son retard, la littérature sportive française (ou considérée comme telle) se piqua de jouer les premiers de la classe. Avec en guise d'élèves remarquables une cohorte entière de serviteurs fidèles parmi lesquels Jean Hatzfeld (ancien journaliste de sport devenu reporter de guerre), Bernard Chambaz (cycliste infatigable), Éric Fottorino (comme le précédent), Paul Fournel (idem) ou Philippe Delerm (plutôt porté sur l'athlétisme) font figure de leaders.

La révolution ne s'est pas faite en un jour, pas même en sept. Les premiers, les boutefeux du polar (Jean-Bernard Pouy, Marc Villard, Didier Daeninckx, etc.)

osèrent quelques échappées avant qu'une série de revues dédiées (*Gulliver, Tango, Desports*, etc.) n'élargissent le spectre. Au début des années 2000, la cause fut entendue : entre réalité et fiction, une quantité de romans « musclés » s'imposèrent dont une série de portraits de champion qui, sous la plume de leurs thuriféraires, gagnèrent, du même coup, un public nouveau. On songe en particulier (et toujours dans le désordre) à Nadia Comăneci (*La Petite Communiste qui ne souriait jamais* de Lola Lafon), Zinedine Zidane, encore lui (*Chant furieux* de Philippe Bordas), John McEnroe (*Le Scandale McEnroe* de Thomas A. Ravier), Muhammad Ali (*Le Ring invisible* d'Alban Lefranc), Dick Fosbury (*L'Appel* de Fanny Wallendorf), Matti Nykänen (*Le Mauvais Génie* d'Alain Freudiger), George Best (*Le Cinquième Beatles* de Vincent Duluc), Roger Federer (*Je suis une aventure* d'Arno Bertina) ou Jack Dempsey (*Portrait de l'Amérique en boxeur amoureux* du regretté Élie Robert-Nicoud), qui, tous, à un moment ou à un autre, prirent possession des tables de libraires après s'être distingués sur les terrains de sport.
Aux frontières du conte ou de l'autobiographie, d'autres auteurs (Bruno Heckmann, Guy Boley, Valentine Goby, Alain Gillot, Jean-Louis Crimon, François Bégaudeau, François-Guillaume Lorrain ou Pierre-Louis Basse) choisirent, à l'inverse, de se démarquer au gré de chemins de traverse plus intimes. Quelle que soit la méthode utilisée, la spécificité du genre demeure, aujourd'hui encore, fragile et l'exercice marginal, mais l'idée n'en finit plus de s'imposer : écrire le sport – et les vingt-sept textes qui précèdent le prouvent un peu plus – est devenu une évidence, en tout cas un

plaisir comme les autres. C'est le moins que l'on peut attendre de nos auteurs contemporains « … car, enfin, Littérature et Sport, Beauté de l'homme et Beauté du verbe, loin de s'opposer, sont liés, force est de constater, autant, et peut-être plus, qu'ils ne le furent jamais y compris aux plus belles heures des Jeux antiques ». On ne saurait mieux dire. Et trouver meilleure conclusion. Parce que cette vérité est signée Tristan Bernard, l'arbitre, souvenez-vous, si magnanime avec Jean Prévost, mais surtout parce que celle-ci fut publiée, coïncidence définitive, dans le numéro de juin 1924 du *Monde Nouveau*. À la veille des Jeux de Paris. Il y a tout juste cent ans.

Les auteurs

KAOUTHER ADIMI. Née il y a trente-huit ans en Algérie, aujourd'hui installée en France, elle a fait de nombreux allers-retours de part et d'autre de la Méditerranée. Ses romans (*Des pierres dans ma poche*, *Nos richesses* [Renaudot des lycéens], *Les Petits de décembre*) sont nourris de ces deux pays. Dernier livre paru : *Au vent mauvais* (Seuil), 2022.

NATHACHA APPANAH. Romancière mauricienne d'origine indienne, elle a d'abord exercé le métier de journaliste. Arrivée en France en 1998, elle a multiplié les expériences romanesques avec, entre autres, *Tropique de la violence*, prix Femina des lycéens, et *Le Dernier Frère*, prix du roman Fnac. Dernier livre paru : *La Mémoire délavée* (Mercure de France), 2023.

PIERRE ASSOULINE. Écrivain multifonctions. Chroniqueur, critique, membre de l'Académie Goncourt, il s'est d'abord imposé comme biographe (*Simenon*, *Hergé*, *Gaston Gallimard*, etc.) avant de briller dans le domaine de la fiction (*Une question d'orgueil*, *Golem*). Il pratique la natation et le jeu de paume. Dernier livre paru : *Le Nageur* (Gallimard), 2023.

ÉVELYNE BLOCH-DANO. Ancienne professeure de lettres, auteure de biographies, d'essais et de récits littéraires. Zola, Sand, Proust, Balzac (entre autres) sont au centre de ses travaux. Spécialiste des maisons d'écrivain et amoureuse du Tour de France, elle est entrée au jury du prix Femina en 2015. Dernier livre paru : *L'Âme sœur* (Stock), 2021.

GENEVIÈVE BRISAC. Écrivaine et éditrice, elle est lauréate du prix Femina en 1996 pour son roman *Week-end de chasse à la mère*. En plus de ses nombreuses fictions (*Petite*, *Voir les jardins de Babylone*, *Les Sœurs Délicata*, etc.), elle a longtemps collaboré au *Monde des Livres* et écrit de nombreux ouvrages pour la jeunesse. Dernier livre paru : *Les Enchanteurs* (L'Olivier), 2022.

BERNARD CHAMBAZ. Auteur polyvalent et cycliste passionné, cet ancien professeur d'histoire au lycée Louis-le-Grand a déjà accumulé une cinquantaine d'ouvrages (*Dernières nouvelles du martin-pêcheur*, *Vladimir Vladimirovitch*, *Un autre Eden*, etc.) et des milliers de kilomètres à bicyclette en prime. Dernier livre paru : *La Peau du dos* (Éditions du sous-sol), 2022.

PHILIPPE CLAUDEL. Écrivain et cinéaste né à Dombasle-sur-Meurthe (Meurthe-et-Moselle) où il se félicite de résider aujourd'hui encore. Révélé en 2003 avec *Les Âmes grises*, il a bâti une œuvre volontiers en prise avec les problèmes de l'heure. Il a rejoint l'Académie Goncourt. Dernier livre paru : *Crépuscule* (Stock), 2023.

BERNARD COMMENT. Écrivain suisse, il a exercé de nombreuses responsabilités. À la Maison de la Poésie de

Paris, France Culture ou Arte. Lauréat du Goncourt de la nouvelle (*Tout passe*), scénariste d'Alain Tanner (*Fourbi*, *Requiem*), il est directeur de la collection Fiction & Cie au Seuil. Dernier livre paru : *Neptune avenue* (Grasset), 2019.

PHILIPPE DELERM. Révélé par un recueil de textes courts (*La Première Gorgée de bière et autres plaisirs minuscules*), cet auteur normand n'a quasiment pas changé de registre depuis. Si l'athlétisme a prioritairement ses faveurs, il admire tous les sportifs. Un de ses titres (*La Tranchée d'Arenberg et autres voluptés sportives*) leur est totalement consacré. Dernier livre paru : *Les Instants suspendus* (Seuil), 2023.

FRANÇOIS-HENRI DÉSÉRABLE. À trente-six ans, il a déjà une belle production derrière lui, cinq romans bien accueillis par la critique (*Évariste*, *Un certain M. Piekielny* et *Mon Maître et mon vainqueur* [Grand Prix du roman de l'Académie française]). Il a fait une partie de ses études aux États-Unis et a exercé le métier de hockeyeur sur glace. Dernier livre paru : *L'Usure du monde* (Gallimard), 2023.

JEAN-PAUL DUBOIS. Toulousain d'origine et de cœur, prof puis journaliste par accident, il a multiplié les romans désespérés et drôles depuis 1988 (*Tous les matins je me lève*, *La vie me fait peur*, *Kennedy et moi*, *Si ce livre pouvait me rapprocher de toi*). Il a remporté le prix Femina (*Une vie française*) et le prix Goncourt (*Tous les hommes n'habitent pas la vie de la même façon*).

PIERRE DUCROZET. Ce Lyonnais d'origine qui a vécu à Berlin et Barcelone est apparu sur la scène littéraire en

2000 avec un remarqué *Requiem pour Lola rouge* gratifié du bien nommé prix de la Vocation. Une demi-douzaine de titres ont suivi, dont *L'Invention des corps*, prix de Flore. Dernier livre paru : *Variations de Paul* (Actes Sud), 2022.

ÉRIC FOTTORINO. Homme de presse, ce cycliste accompli a consacré vingt-cinq ans de sa vie au *Monde* avant d'imaginer et de créer ses propres titres (*Le 1*, *America*, *Zadig*, *Légende*). Parallèlement, il a publié une importante série de romans dont un (*Baisers de cinéma*) prix Femina en 2007. Dernier livre paru : *Mon enfant, ma sœur* (Gallimard), 2023.

PAUL FOURNEL. Originaire de Saint-Étienne, cet écrivain éclectique a composé une œuvre marquée par les trouvailles formelles (*Les Athlètes dans leur tête*, *La Liseuse*, etc.). Président de la Société des gens de Lettres (de 1992 à 1996) et de l'Oulipo (de 2003 à 2019), il apprécie le sport et le cyclisme en priorité. Dernier livre paru : *Attends voir* (POL), 2022.

THIERRY FRÉMAUX. Directeur du Festival de Cannes et de l'Institut Lumière à Lyon, il nourrit un goût immodéré pour les livres depuis toujours. Lorsque lui-même rapporte ses passions (*Sélection officielle*, *Judoka*), la littérature est toujours au rendez-vous. Dernier livre paru : *Si nous avions su que nous l'aimions tant, nous l'aurions aimé davantage* (Grasset), 2022.

TRISTAN GARCIA. Touche-à-tout d'exception, il s'intéresse à mille choses et écrit sur autant. Philosophe, il n'a pas son pareil pour prendre le pouls de notre société. Tout juste quadragénaire, il a déjà une belle œuvre romanesque derrière lui (*La Meilleure Part des hommes, 7, Faber*). Dernier livre paru : *Vie contre vie : Histoire de la souffrance*, t. 2 (Gallimard), 2023.

JÉRÔME GARCIN. Critique respecté (au *Nouvel Observateur* et sur France Inter pendant de très nombreuses années), il est aussi un romancier remarquable (*La Chute de cheval, Olivier, Le Dernier Hiver du Cid*, etc.). L'équitation sous toutes ses formes joue un très grand rôle dans sa vie. Dernier livre paru : *Mes fragiles* (Gallimard), 2023.

ALEXIS JENNI. Fait rarissime, il obtient le prix Goncourt dès son premier roman : *L'Art français de la guerre*. Biographe de John Muir et de Fridtjof Nansen, il ajoute à ses talents d'écrivain d'authentiques préoccupations environnementales. Dernier livre paru : *Miscellanées du Quai d'Orsay* (Le Sonneur), 2023.

MAYLIS DE KERANGAL. Écrivaine comblée (prix Médicis, prix Landerneau, etc.), elle a déjà publié une dizaine de romans (*Naissance d'un pont, Corniche Kennedy, Réparer les vivants*). Elle a grandi au Havre, fille d'un pilote de port et petite-fille d'un capitaine au long cours, ses horizons sont volontiers maritimes. Dernier livre paru : *Un archipel* (Presses universitaires de Montréal), 2022.

LUC LANG. Prix Médicis 2019 pour *La Tentation*, il est l'auteur d'une demi-douzaine de romans ambitieux (*Mille six cents ventres, Cruels, L'Autoroute*, etc.). Sportif accompli, il est karatéka depuis toujours. Dernier livre paru : *Le Récit du combat* (Stock), 2023, inspiré précisément, pour partie, par cette discipline.

MARIA LARREA. Née en Espagne, elle a grandi à Paris. Passée par la Fémis, elle a réalisé plusieurs courts-métrages, mais elle fréquente aussi avec bonheur les univers de la radio et de la littérature. Son roman *Les gens de Bilbao naissent où ils veulent* (Grasset) a obtenu le prix du Premier Roman en 2022.

LISETTE LOMBÉ. Poétesse, collagiste, slameuse, militante, auteure en 2020 de *Venus Poetica*, elle vit à Liège où elle a exercé, un temps, le métier de prof de français. Elle a également publié plusieurs ouvrages pour la jeunesse. Dernier livre paru : *Eunice* (Seuil), 2023.

FRANÇOIS-GUILLAUME LORRAIN. Parallèlement à sa fonction de journaliste au *Point*, il a publié de nombreux livres. Des romans intimes (*L'Équipier*, *L'Homme de Lyon*) ; des contributions historiques (*Louis, l'enfant roi*, *Ces lieux qui ont fait la France*) ; des ouvrages liés au monde du cinéma (*Les Enfants du cinéma*, *L'Année des volcans*) ou du sport (*Prolongations*, *Le Garçon qui courait*). Dernier livre paru : *Scarlett* (Flammarion), 2022.

ERIK ORSENNA. Écrivain passionné et prolifique, auteur d'une cinquantaine d'ouvrages, essais, biographies et romans confondus. Prix Goncourt en 1988 avec *L'Exposition coloniale*, il collectionne quantité de centres d'intérêt (la géographie, la politique, la musique, les jardins, la langue, entre autres). Côté sport, il est, de loin, notre académicien le plus dévot. Il a écrit sur de nombreuses disciplines (de l'aviron à l'automobile) et pratique encore aujourd'hui la voile avec assiduité. Dernier livre paru : *Histoire d'un ogre* (Gallimard), 2023.

BLANDINE RINKEL. Musicienne et chanteuse, elle a fait mieux que ses preuves dans le domaine de la fiction au gré de trois romans remarqués (*L'Abandon des prétentions*, *Le Nom secret des choses*, *Vers la violence*). Elle collabore avec de nombreux médias (*Médiapart*, *Le 1*, *Le Matricule des anges*, etc.). Dernier livre paru : *A-t-on encore le droit de changer d'avis ?* (La Martinière), 2023.

COLOMBE SCHNECK. Écrivaine prolifique, elle a débuté dans la carrière en 2006 et a déjà publié une vingtaine de livres. Révélée par Jean-Marc Roberts, elle brille dans la veine romanesque (*L'Increvable Monsieur Schneck*, *La Réparation*, *Dix-sept ans*). La natation, depuis toujours, l'occupe. Dernier livre paru : *Mensonges au paradis* (Grasset), 2023.

LARRY TREMBLAY. Écrivain et dramaturge canadien, spécialiste du kathakali, forme de théâtre ancestral pratiqué en Inde, il débute comme comédien avant de devenir metteur en scène. Il a également publié une vingtaine d'ouvrages distribués dans une vingtaine de pays. Il est compagnon de l'Ordre des arts et des lettres du Québec. Dernier livre paru : *Marco bleu* (Éditions de la Bagnole), 2022.

BENOÎT HEIMERMANN. Grand reporter au *Matin de Paris* et à *L'Équipe Magazine* pendant près de quarante ans, il est l'auteur d'une vingtaine d'ouvrages (*Charcot*, *L'Aéropostale*,

Titaÿna, *Tabarly*, *Le Mystère Lindbergh*, *Albert Londres*, etc.) et d'une dizaine de documentaires télévisés (*Maradona*, *Kasparov*, *Les Champions d'Hitler*, *L'Odyssée des Jeux olympiques*, etc.). Également éditeur, il a travaillé pour Flammarion, Arthaud et Grasset avant de rejoindre Stock en 2015.

Table

RÉALISATION : NORD COMPO À VILLENEUVE-D'ASCQ
IMPRESSION : NORMANDIE ROTO IMPRESSION S.A.S À LONRAI
DÉPÔT LÉGAL : JANVIER 2024. N° 153480 (2304573)
IMPRIMÉ EN FRANCE